SNS Text Data Mining based on Python

개정판

파이썬 기반 SNS 텍스트 데이터 마이닝

서혜선 지음

KYOWOO

머리말

빅데이터의 풍요 속에서, 특히 소셜 미디어상의 방대한 정보들은 각 산업분야(도메인)별로 매우 의미 있게 사용되고 있다. 온라인 블로그나 카페 및 각종 기사, 웹문서들의 활용뿐만 아니라, 영화 예매 사이트, 온라인 쇼핑몰, 맛집 리뷰 및 댓글 등의 정보기반 마케팅 활동들(영화, 제품, 맛집 추천 등)이 매우 활발하다. 따라서 이러한 비정형 형태의 소셜 텍스트 데이터를 수집 및 정리하여 분석하고, 데이터에 함축되고 내재된 의미를 찾는 과정을 수행 할 수 있다면 융복합 역량이 중요시 되는 시대에 빅데이터 관련 전공자가 아니라 할지라도 상당히 경쟁력 있는 역량을 갖추게 될 것이다.

이렇게 온라인상의 다양한 정보를 크롤링하여 수집하고 분석하는 일련의 작업을 위해 필요한 소프트웨어 중에서 가장 대표적인 것이 파이썬이다. 이 책에서는 파이썬을 이용한 비정형 데이터의 웹 크롤링을 통한 데이터 수집 과정과 수집된 데이터의 전처리, 그리고 문장을 주요 어휘 단위로 나누기 및 주요 어휘에 대한 워드클라우드 시각화 등을 다룬다. 또한 어휘들의 거리 유사도 기반의 군집화, 군집분석에 의한 토픽별 세부 분석으로 TF-IDF, LDA 토픽 모델링, 감성분석 그리고 일반화선형모형을 다루게 된다.

이 책을 학습한 독자들은 본인들의 주된 관심 영역에 대해 텍스트 데이터 마이닝의 전 과정을 수행 할 수 있다. 특히 3장에서 7장까지 차근차근 학습하고 각 장별 연습문제를 크롤링 과정을 통해 정리해 간다면 이 책의 마무리가 될 즈음 여러분은 텍스트 데이터 분석에 대한 자신감으로 충만할 것이다.

본문에 사용된 크롤링 데이터는 ㈜교우(www.kyowoo.co.kr)나 https://github.com/Hyesun- SUH/Text-data-mining에서 다운 받을 수 있다.

마지막으로 방학동안 웹 크롤링 세미나에 함께 참여했던 빅데이터 랩 연구실의 학생들에게 감사의 마음을 전한다.

저자 서혜선

jako403@daejin.ac.kr

차례

차례

제1장 웹 크롤링 준비

1.1 SNS 텍스트 데이터의 이해

1.2 웹 크롤링에 필요한 분석 도구 파이썬과 아나콘다 소개

1.3 아나콘다 설치하기

1.4 웹 크롤링시 주의점

1장. 웹 크롤링 준비

1.1 SNS 텍스트 데이터의 이해

인터넷과 스마트 폰을 기반으로 수많은 앱 또는 웹을 쉽게 접하면서 유튜브, 페이스북, 인스타그램, 트위터, 구글, 네이버, 카카오, 그리고 최근엔 스레드에 이르기까지 현대인의 일상은 소셜 네트워크를 떼고는 이야기 할 수 없는 시대에 살고 있다. 하루에도 셀 수 없을 정도의 많은 게시글과 사진, 영상, 음원 등의 다양한 정보들이 소셜 네트워크상에 올라오고 있다. 소셜네트워크상에 존재하는 많은 정보를 우리는 흔히 SNS(Social Network Service) 데이터 또는 소셜 데이터라 부른다. 특히 포털사이트의 기사, 블로그, 웹문서, 카페글, 커뮤니티사이트 게시글, 각종 쇼핑몰의 댓글 등이 대표적인 SNS 데이터라 할 수 있다.

이러한 SNS 데이터는 누가 관심을 가지고 보게 되는 걸까? 영화를 관람한 후 작성한 후기와 평점, 특정 제품 사용에 관한 사용 리뷰, 맛집에 대한 평가 점수 등 인터넷에는 수많은 사용자들이 남긴 데이터들이 무수히 축적되어 있다. 이러한 정보들은 다른 이용 가망자들에게 무엇을 선택할 것인가를 결정하는데 있어 중요한 가이드 역할을 하기도 하고, 또 영화관이나 레스토랑 등에서는 소비자의 반응을 분석하여 마케팅에 적극 활용하려고 할 것이다. 이처럼 SNS상에 데이터가 방대해지면서 각 분야별로 데이터를 수집하고 분석하여 그 속에 포함된 의미있는 결과를 도출해 낼 필요성이 점차 높아지고 있는 것이다.

코로나 펜데믹 시대 이후 영화관을 찾는 고객들이 급감했다고 한다. 이때 영화

상영관 마케팅 담당자는 요즘 영화 또는 영화관에 대한 대중들의 인식이 어떻게 달라졌는지 등에 대해 시장조사를 할 수 있다. 기존에 영화관을 찾던 사람들이 영화관에서의 영화 관람 대신 어떤 대체활동을 하는지(넷플릭스 등 OTT로의 전환 또는 다른 활동 등), 그리고 어떤 서비스에 관심이 몰리고 있는지 등의 시장 동향에 관심이 클 수 있다. 이럴 때 관련 키워드를 중심으로 SNS 데이터를 수집하여 시장의 동향이나 흐름을 파악 할 수 있다. 개인의 입장에서도 본인의 관심분야가 '패션' 이라면 패션영역의 동향이나 패션 관련 대중들의 관심 키워드들이 어떤 것인지를 파악해 볼 수 있을 것이다. 한편 온라인 패션 쇼핑몰의 경우 제품후기 및 댓글 분석 등을 통해 제품별 다양한 추가 정보들을 획득할 수 있다. 예컨대 셔츠를 구매한 고객들이 남긴 제품의 가격 적정성, 제품의 퀄러티, 소재, 배송, 옷의 실루엣, 만족도 수준 등등의 구매후기 분석을 통해 디테일하게 분석할 수 있으며 이는 단지 구매정보에서 나타나지 않는 제품개선, 가격정책, 배송프로세스 개선, 소재의 적절성 등 다양한 의사결정을 할 수 있는 중요한 정보들로써 자리매김을 하고 있다.

이렇게 SNS상의 많은 정형화되지 않은 데이터를 분석하고 활용하기 쉽게 수집하는 행위를 웹 크롤링(Web crawling)이라 한다. 다시 말해 웹상에서 데이터를 수집하는 행위라 할 수 있다. 웹크롤링을 하기 위해서는 웹상에서 통신이 어떻게 이루어지는지를 알아야 한다. 웹은 일반적으로 HTTP 통신방법을 사용하는데, 웹크롤링을 위해서는 데이터가 있는 웹사이트 (서버)의 url에 접속하여 수집하고자 하는 데이터를 요청하면 해당서버가 응답하여 XML또는 JSON 방식으로 데이터를 보내주는 방식이다. 이러한 웹 데이터를 크롤링 해오는 방식은 크게 두 가지가 있다. 하나는 웹 API를 이용하여 크롤링하는 것이며 다른 하나는 파이썬 라이브러리를 이용하는 것이다. API를 이용한 방식으로 가져오기 위해서는 해당 서버(웹사이트) 에서 웹 API를 제공해 주어야 한다. 우리나라의 경우 네이버, 카카오앱, 공공데이터 포털(www.data.go.kr) 등에서 API를 제공해 주고 있다. 본 서에서는 제공된 API를 이용한 크롤링 과정은 포함하지 않았다. 이 과정은 구글, 또는 ChatGPT 등의 자료를 찾아서 진행해보면 서치를 통하면 독자 여러분들이 쉽게 크롤링 해 올 수 있을 것이다. 여기서는 파이썬 라이브러리를 이용한 웹크롤링에 집중한다. 특별히 웹크롤링을 하는 기술을 모르는 사람이라 할지라도 누구나 조금의 관심과 노력만 기울인다면 방대한 SNS 데이터를 쉽게 수집하고 이를 통해 필요한 정보를 파악할 수 있도록 쉽게 구성하고자 하였다.

1.2 웹 크롤링에 필요한 분석 도구 파이썬과 아나콘다 소개

이러한 SNS 데이터를 수집하기 위해서는 프로그래밍 툴이 있어야 한다. Open API기반의 무료 분석 툴인 Python과 R(R-Studio)이 크롤링 과정을 비롯하여 빅데이터 분석 및 AI 알고리즘 개발 프로그래밍으로 유용하게 사용되고 있다. 저자 개인적으로는 파이썬이 웹크롤링에 보다 최적화되어 있고 사용이 보다 편리하다고 생각하여 본 서에서는 파이썬을 기반으로한 웹크롤링을 소개하고자 한다.

프로그래밍 언어 순위 사이트인 PYPL은 2019년 프로그래밍 언어 1순위로 파이썬을 선정하였다. 또한 구글 소프트웨어의 50% 이상이 파이썬으로 제작되었다고 한다. 그리고 상당히 많은 기업들에서 파이썬을 사용하고 있다. 파이썬은 1990년에 네덜란드의 프로그래머였던 귀도 반 로섬(Guido van Rossum)이 개발한 인터프리터 언어(코드를 한 줄씩 읽어 내려가면서 실행하는 프로그램)이다. 개발 당시 귀도는 영국의 코미디 그룹 '파이썬 (python)'을 매우 좋아하여 본인이 개발한 프로그램명을 파이썬이라 부르게 되었다는 일화가 있다.

이제 파이썬 수행을 위해 파이썬을 설치해야 한다. 그런데 파이썬은 의존성(dependency) 등의 문제로 패키지를 설치하고 관리하는데 다소 어려움이 따른다. 이것을 해결하기 위해 파이썬을 직접 설치하지 않고 보다 편리하게 사용할 수 있는 아나콘다(anaconda)를 설치하여 파이썬을 사용하고자 한다. 아나콘다는 파이썬, R등의 다양한 소프트웨어들을 모아 둔 배포판, 혹은 네비게이터의 역할을 한다. 저자가 파이썬 설치 대신 아나콘다를 추천하는 이유는 파이썬을 설치하기 위해서는 관리자인 pip를 이용해야하는데, 파이썬의 경우는 pip가 패키지를 설치하는 과정에서 충돌이 발생할 경우 이를 무시해 버리지만(이용시 환경관련 이슈들이 발생할 가능성이 높다) 아나콘다의 관리자인 conda는 패키지를 설치할 때 현재의 환경과 충돌여부를 확인한다. 따라서 pip로 패키지를 설치시 어떤 충돌로 작동이 되지 않는 패키지가 conda를 이용하여 설치하게 되면 아무런 문제 없이 잘 설치되는 경우가 많다. 또한 아나콘다를 설치하면 파이썬 외에 다양한 패키지들, RStudio와 뒤에서 소개할 대화형 컴퓨팅 및 분석을 할 수 있는 쥬피터 노트북(Jupyter Notebook) 등이 함께 설치되어 사용편리성에서 매우 우수하다. 즉 아나콘다를 오픈소스인 파이썬이나 R 의 사용 플랫폼으로 이해하면 될 것이다.

그림 1.1 영국의 전설적인 코미디 그룹 몬티 파이썬

(이미지출처 : https://www.google.com)

단 주의할 점은 만일 사용자의 pc에 파이썬이 설치되어 있다면 아나콘다와 충돌이 발생 할 수 있으니 이미 설치된 파이썬 프로그램을 깔끔하게 제거한 후 아나콘다를 설치하는 것이 좋다. 아나콘다를 설치하는 또 다른 이유 중의 하나는 바로 앞에서 소개한 쥬피터 노트북(Jupiter notebook)을 사용 하고자 함이다. 쥬피터 노트북이란 오픈소스 기반의 웹 플랫폼으로 웹 브라우저에서 파이썬 프로그램을 한 줄 한 줄 작성하고 실행하면 바로 실행 결과를 볼 수 있게 해주는 환경이다. 따라서 특정 결과를 얻기 위해 해당하는 모든 프로그램을 다 작성하고 한 번에 결과를

확인하는 것이 아니라 단계별로 실행하고 오류가 발생하는지 여부 등을 바로 바로 인터렉티브하게 확인할 수 있다는 매력을 가지고 있다. 또한 실시간으로 분석결과를 시각화하여 결과를 바로 확인할 수 있는 장점을 가지고 있다. 이 외에도 쥬피터 노트북에서 제공하는 Markdown 기능을 활용하면 분석결과를 마탕으로 바로 보고서 형태로의 작성이 용이하며 파워포인트, 키노트와 같은 프레젠테이션 프로그램으로도 사용된다. 다만 데이터 분석 등을 전문적으로 해야 하는 경우에는 Visual Studio Code 플랫폼 등을 이용하여 파이썬을 실행하는 것이 편리하지만 대부분의 비전문가나 혹은 빅데이터 등을 전공하는 학생들은 쥬피터 노트북을 사용하여 분석하는데 무리가 없을 것이다.

1.3 아나콘다 설치하기

먼저 구글 검색창에 'anaconda download'를 치고 검색해 보자. [그림 1.2]에서 Download Anaconda Distribution을 클릭하면 아나콘다 홈페이지에 연결 되어 [그림 1.3]과 같이 나타난다. [그림 1.3]에서 오른쪽 화면에 다운로드 받고자 하는 사람의 이메일 주소와 동의 체크박스에 동의를 한 후 'Submit'을 클릭하면 [그림 1.5]와 같이 Anaconda Installers창으로 넘어간다. 여기서 사용자의 컴퓨터 OS 환경(Window /Mac/Linux)등에 따라 자동 실행파일을 다운 받아 설치하면 된다.

그림 1.2 anaconda download 과정 1

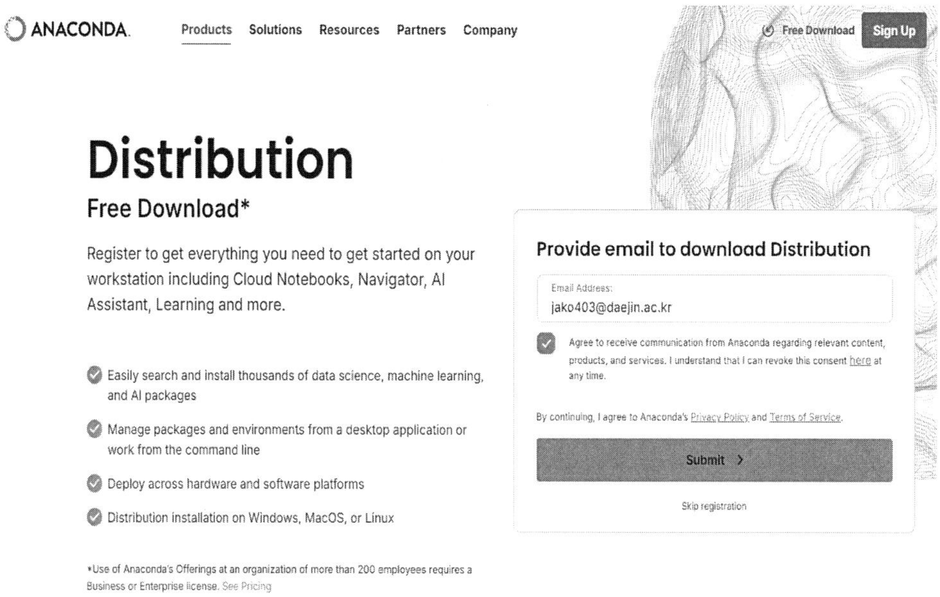

그림 1.3 anaconda download 과정 2

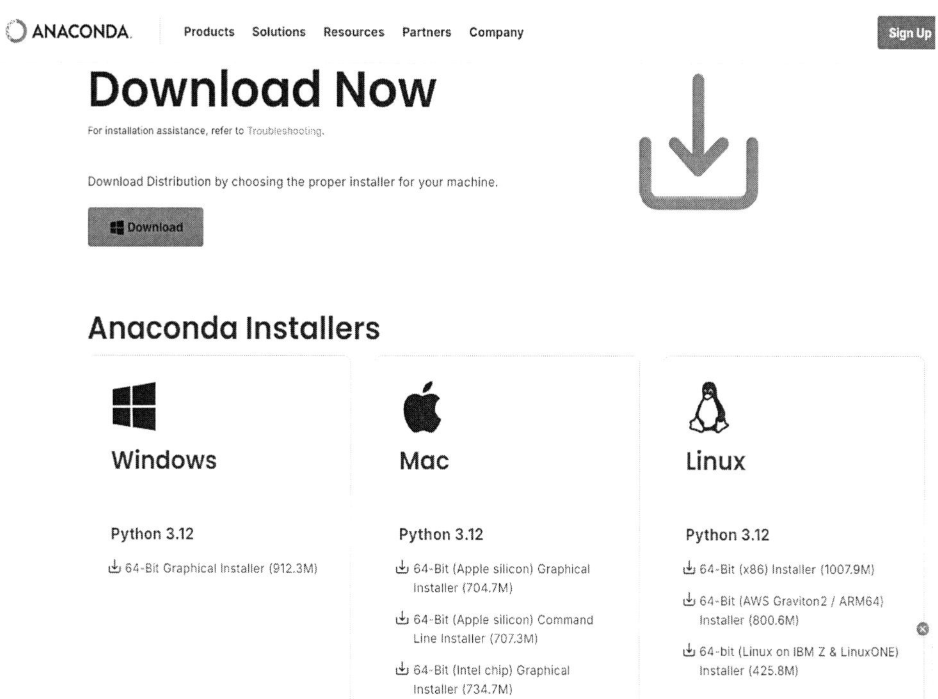

그림 1.4 anaconda download 과정 3

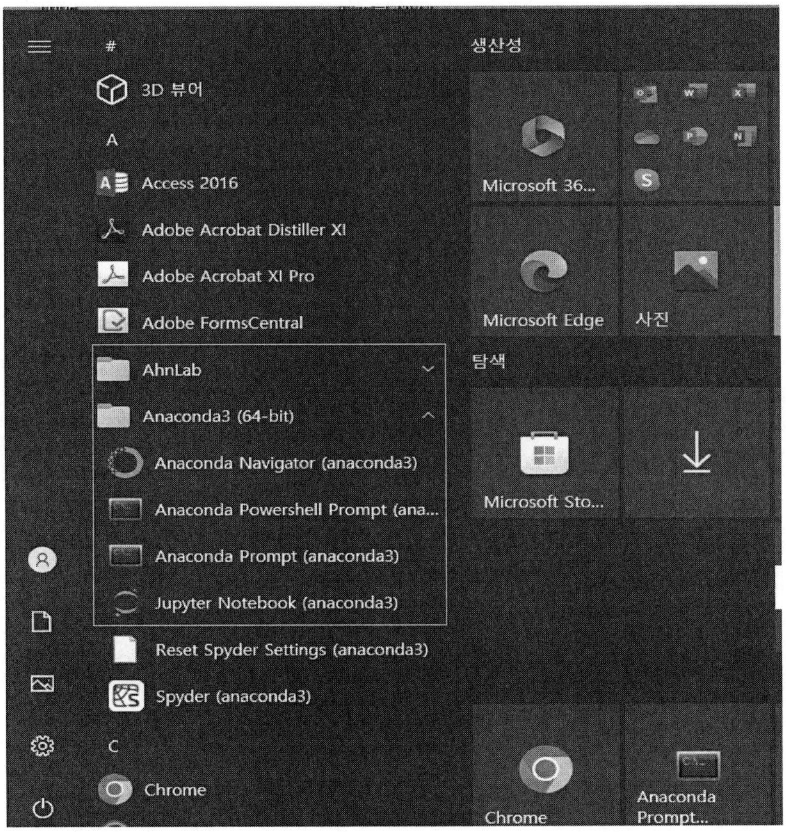

그림 1.5 아나콘다 설치 확인 및 쥬피터 노트북 실행하기

설치가 완료되면 윈도우시작 버튼 클릭시 [그림 1.5]와 같이 Anaconda3 (64-bit) 프로그램 폴더가 생기고 Anaconda(64-bit)를 클릭하면 하단에 여러 가지 기능에 해당하는 아이콘들을 볼 수 있으며 각 아이콘들의 기능은 다음과 같다.

· Anaconda Navigator : GUI(그래픽 사용자 인터페이스)를 통해 아나콘다에서 제공하는 여러 가지 도구와 패키지를 쉽게 관리할 수 있게 해주며, Python 환경을 만들거나 관리하고, Jupyter Notebook, RStudio 와 같은 프로그램을 실행할 수 있음

· Anaconda Prompt : 일반적인 커맨드 프롬프트로, Python 및 패키지 관리를 수행하는 프로그램임. 예를 들어 conda 명령어로 파이썬의 다양한 패키지를 설치하거나 환경 생성 등을 수행할 수 있음

· Anaconda Powershell Prompt : Anaconda Prompt와 유사한 역할을 수행하지만, conda외에 Powershell의 다양한 명령어를 사용하거나 환경변수 설정 등을 수행함

· Jupyter Notebook : 쥬피터 노트북은 웹 브라우저에서 실행되는 인터랙티브 환경으로, 코드, 텍스트, 수식, 시각화 등을 하나의 파일에서 함께 작성하고 실행할 수 있는 도구이며. Python 코드를 라인별로 작성하고 그 결과를 바로 바로 확인 할 수 있어 사용이 매우 편리함

이제 파이썬 실행을 위해 [그림 1.5]에서 Jupyter Notebook(anaconda3)을 클릭한다. 쥬피터 노트북을 클릭하면 [그림 1.6]과 같이 쥬피터 노트북 프롬프트 창이 열린다. 쥬피터 노트북은 웹 플랫폼이므로 웹브라우저 형태로 연동되며 [그림 1.7]과 같이 쥬피터 노트북의 작업을 할 수 있는 쥬피터 노트북 웹 브라우저가 열려있음을 볼 수 있다.

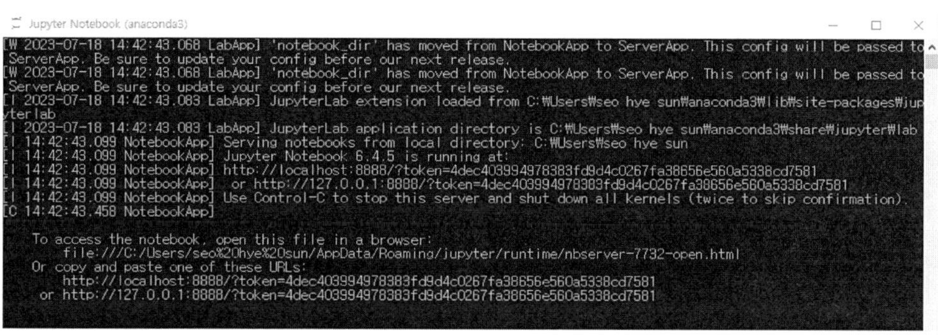

그림 1.6 쥬피터 노트북 프롬프트

그림 1.7 쥬피터 노트북 작업 화면

이때 쥬피터 노트북을 실행하는 동안 [그림 1.6]은 항상 열려있어야 한다. 만일 [그림 1.6]을 종료시킬 경우 쥬피터 노트북은 더 이상 온라인의 접속이 차단되어 작동되지 않아 쥬피터 노트북을 다시 재실행 시켜야만 한다

1.4 웹 크롤링시 주의점

이제 웹 크롤링을 할 수 있는 분석 프로그램의 설치가 완료되었다. 웹 크롤링을 하기에 앞서 웹 크롤링도 엄연히 누군가가 등록했거나 또는 어떤 기관의 플랫폼 상에서 관리하는 데이터이므로 웹상에서 존재하는 데이터를 수집할 때는 몇 가지 주의 및 명심해야 할 사항들이 있으며 이 부분을 강조하고자 한다. 대부분의 크롤링 작업은 위법의 범주에 들지 않는다. 하지만 해당기업의 정책상 또는 웹페이지의 운영자가 긁어가지 못하도록 조치한 데이터를 가져오는 것은 불법이다. 패이스북의 경우 몇 년 전까지지는 패이스북의 데이터를 크롤링 해 올 수 있었지만, 한번 크롤링이 감지되면 해당 아이디로 접속을 못하도록 하고 있다. 현재는 패북의 크롤링이 불가능한 상태이다. 점차 SNS상에서 노출된 데이터도 아무나 자유롭게 사용하도록 두지 않겠다는 방침을 취하고 있다고 볼 수 있다. 다음으로 웹 크롤링을 통해 가져온 데이터를 사용해 부당 이득을 얻는다거나, 상업적으로 활용한다거나 혹은 웹크롤링이 가능하게 허용되었다 하더라도 민감한 개인정보를 가져오는 행위를 할 경우에는 저작권법이나 부정경쟁 방지법 등의 제재를 받을 수 있다. 하지만 사용자들은 어떤 사이트의 어떤 정보가 웹크롤링을 못하도록 되어 있는지는 얼 수가 없고 직접 크롤링을 해 봐야 가능여부를 파악할 수 있다. 국내 포털 사이트의 경우 네이버와 다음의 기사나 웹문서, 블로그 그리고 카페 글 등은 자유롭게 크롤링 해 올 수 있다.

실제로 크롤링으로 인한 법적 분쟁은 국내외 시장을 막론하고 계속해서 대두되는 상황이다. 이미 국외에서는 크롤링 사건으로 인한 피해가 발생했고, 법적 책임을 물어 손해배상 청구까지 이어진 사례가 있다. 국내에서도 크롤링으로 인한

법적 소송으로 두 회사 간의 긴 싸움이 벌어진 경우가 있으며, 데이터를 무단으로 수집해 적발된 기업이 거액의 돈을 배상한 사례도 있다. 정보의 가치가 계속해서 올라가는 추세인 만큼, 특히 기업과 개인 사용자들은 크롤링에 대한 경각심을 가져야 한다.

제2장 웹 크롤링 경험하기

2.1 쥬피터 노트북 소개

2.2 웹 크롤링 시작하기

2.3 BS4를 활용한 기사 제목 수집

2.4 수집된 데이터의 전처리 및 워드클라우드 맛보기

2장. 웹 크롤링 경험하기

2.1 쥬피터 노트북 소개

저자의 경험으로 생각해보자면 어서 빨리 웹 크롤링을 해서 수집한 데이터를 보고 싶은 독자들이 분명 있을 것이다. 데이터 수집을 위한 열정이 클수록 이러한 목마름과 갈증은 더 할 것이다. 따라서 간단하게 데이터를 수집하는 경험을 해 보도록 하자.

본 서에서는 쥬피터 노트북의 사용법에 대해서는 다루지 않는다. 쥬피터 노트북의 사용법이나 주요 단축 키 등은 본 서에서 크롤링하는 과정을 따라오면서 자연스럽게 습득될 수 있다. 그러나 보다 자세하게 쥬피터 노트북 사용법을 알고 싶다면 독자 스스로 파악해보길 바란다. 쥬피터 노트북의 사용법은 매우 간단하다.

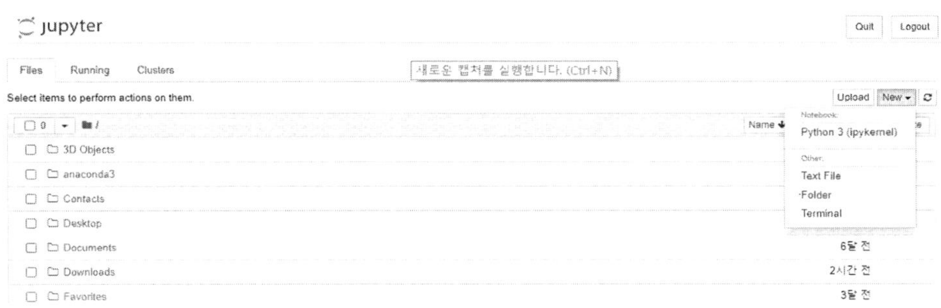

그림 2.1 쥬피터 노트북에서 폴더 생성하기

그림 2.2 폴더 이름 변경하기

이제 웹크롤링을 위해 먼저 쥬피터 노트북에서 앞으로 사용할 모든 프로그램 등을 저장하는 폴더를 하나 생성하도록 한다. 저자는 'SNS텍스트데이터마이닝'이라는 폴더를 하나 생성하려고 한다. 쥬피터 노트북에서 폴더를 생성하기 위해서는 [그림 2.1]의 쥬피터 노트북 오른쪽 상단에 있는 'New' 버튼을 클릭하면 하위 메뉴들이 나온다. 여기서 'Folder'를 선택하면 [그림 2.2]와 같이 'Untitled Folder'가 생성됨을 확인 할 수 있다. 이제 이 폴더의 이름만 변경해주면 된다. 'Untitled Folder' 왼쪽의 버튼을 클릭한 후 화면 왼쪽 상단의 Rename을 누르면 [그림 2.3]과 같이 폴더명을 변경할 수 있다.

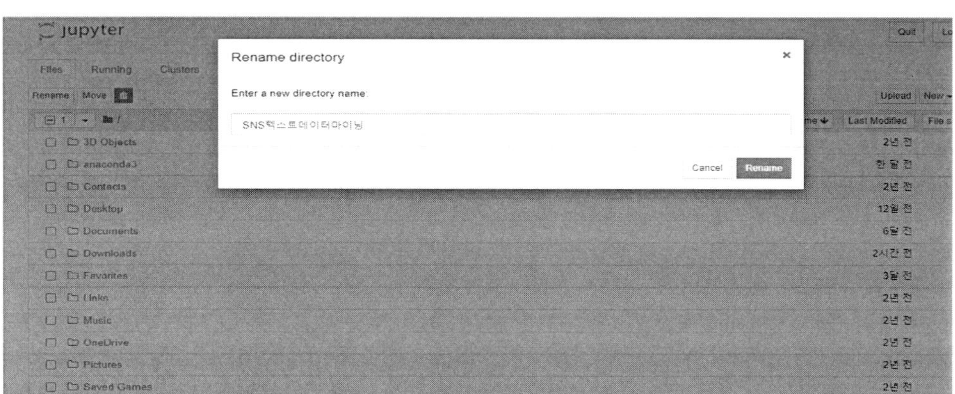

그림 2.3 원하는 이름의 폴더 만들기

이 과정이 끝나면 쥬피터 노트북상에 'SNS텍스트데이터마이닝' 이라는 폴더가 만들어 진다. 그렇다면 새롭게 만들어진 'SNS텍스트 데이터 마이닝' 폴더는 어디에 저장되어 있는 걸까? 쥬피터 노트북을 사용할 때 내가 작업한 프로그램 파일이 어디에 있는지를 알아보는 것이 중요하다. 특별한 경로를 지정하지 않은 상태에서 현재 쥬피터 노트북이 가리키고 있는 경로를 자동적으로 사용하기 위해서는 경로가 어디인지 확인해 두는 것이 좋겠다. 저자의 경우는 **'C:/사용자/seo hye sun/'**폴더에 생성되었음을 알 수 있다. 독자들도 자신의 컴퓨터 사용자의 이름 폴더 하단에 본인이 생성한 폴더명이 만들어져 있는 것을 확인하도록 하자.

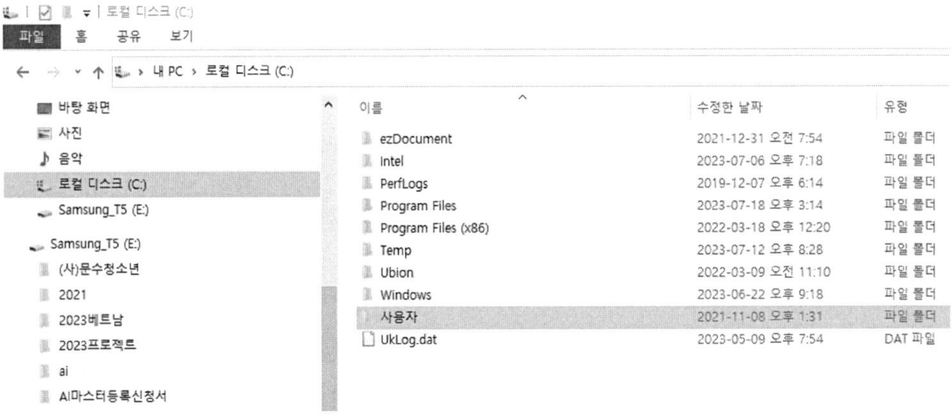

그림 2.4 쥬피터 노트북에서 생성한 폴더 경로 확인하기 1

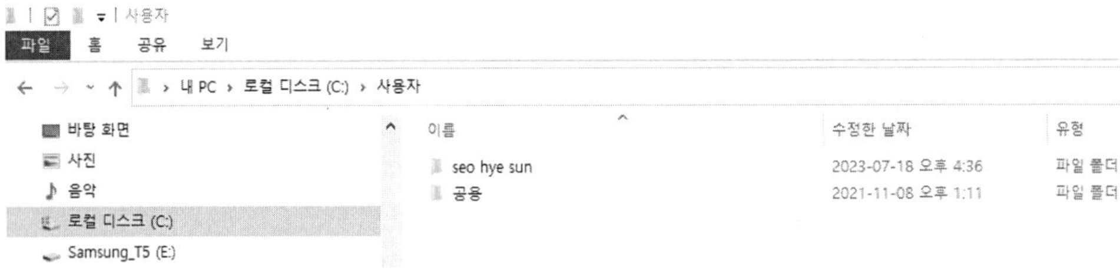

그림 2.5 쥬피터 노트북에서 생성한 폴더 경로 확인하기 2

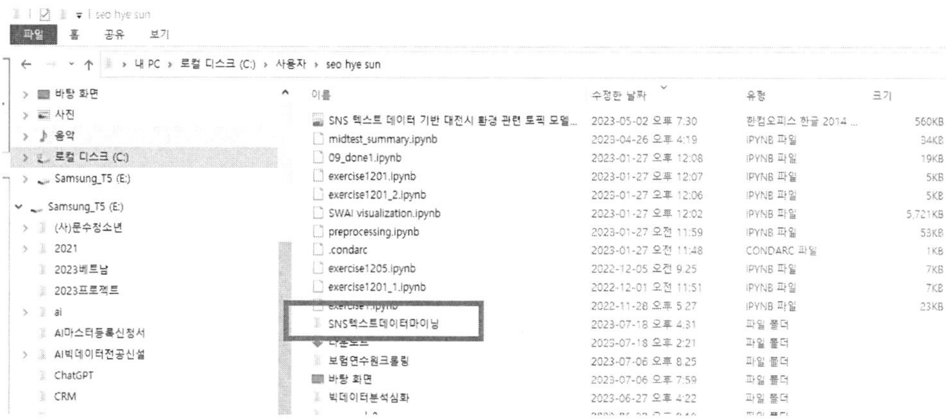

그림 2.6 쥬피터 노트북에서 생성한 폴더명 확인하기

이제 웹크롤링 작업을 진행하기 위해 파이썬 프로그램을 작업해야 한다. 먼저 쥬피터 노트북에서 만들어 놓은 'SNS텍스트데이터마이닝'을 클릭한 후 [그림 2.7과]의 우측상단에서 다시 'New'버튼 –> 'Python 3(ipykernel)'을 누르면 [그림 2.8]과 같이 파이썬 작업을 할 수 있는 프로그램 입력라인이 생성된다. 마지막으로 지금부터 작업할 파이썬 프로그램명을 변경해 주기만 하면 된다. [그림 2.8]의 왼쪽 상단 'Untitled' 파일명을 클릭하면 Rename Notebook화면이 나타나고 여기서 내가 저장하고 싶은 파일명을 넣어주면 된다. 저자는 파이썬 파일명을 "웹 크롤링 경험해보기"라고 작성하였다. [그림 2.9]를 보면 파일명이 변경되어 있는 것을 확인할 수 있다. 또한 이 파일은 'C:/Users/seo hye sun/SNS텍스트데이터마이닝/ 웹크롤링 경험해보기.ipynb 으로 저장되어 있음 을 확인 할 수 있다. 즉 쥬피터 노트북에서 저장된 파이썬 프로그램은 확장자가 'jpynb'임을 기억하자. 이것으로 웹크롤링을 위한 프로그램을 작성할 사전 준비가 완료되었다고 할 수 있다.

그림 2.7 파이썬 생성하기

그림 2.8 파이썬 프로그램 이름 변경하기

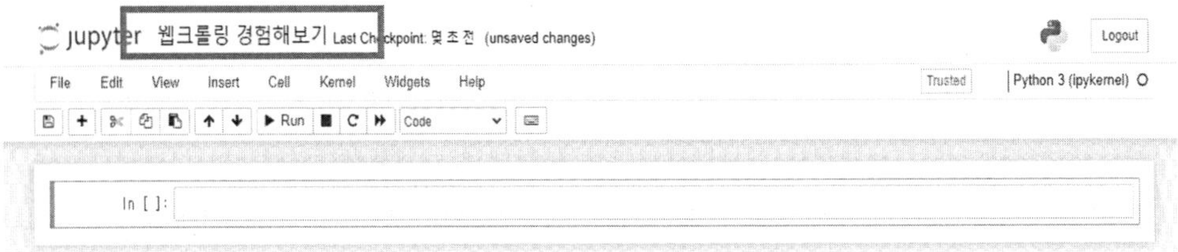

그림 2.9 변경된 파이썬 프로그램명 확인하기

2.2 웹 크롤링 시작하기

웹크롤링을 위해 필요한 파이썬 라이브러리는 requests, BeautifulSoup4, selenium 그리고 pandas이다. 각 라이브러리의 설치 및 주요 기능은 다음과 같다.

표 2.1 웹 크롤링에 필요한 주요 라이브러리

라이브러리 명	설치 및 불러오기	기능
requests	!pip install requests	파이썬에서 HTTP 문서를 불러오기 위해 필요
BeautifulSoup4	!pip install BS4	html 및 XML에서 원하는 데이터를 쉽게 사용할 수 있도록 파싱해 주는 라이브러리 *파싱(parsing) : 웹크롤링에서 파싱이란 일련의 문자열을 어휘의 단위인 토큰(token)으로 분해하는 과정
selenium	!pip install selenium	크롤링을 위한 모듈로 어느 사이트든 쉽게 접근가능하며 동적 크롤링이 가능. 단, selenium을 사용하기 위해서는 자신이 사용하는 컴퓨타 운영체제와 크롬 버전에 맞는 크롬 드라이버를 설치해 주어야 하나 WebDriver Manager 도구를 사용하면 현재의 크롬 버전에 맞는 드라이버를 다운로드 및 관리해주므로 별도로 설치할 필요가 없음
pandas	!pip install pandas	판다스는 데이터 처리를 위해 필요한 라이브러리

이러한 라이브러리를 쥬피터 노트북에서 바로 설치할 경우는 [표 2.1]에서처럼

!pip install 라이브러리명

으로 해주면 된다. 하지만 Anaconda prompt를 열어 설치할 때는 !를 생략하고 바로

pip install 라이브러리명

을 실행하면 설치가 된다.

파이썬 라이브러리를 활용한 웹크롤링의 방식은 두 가지가 있다. BS4 (BeautifulSoup4)를 이용한 정적 크롤링과 selenium을 이용한 동적 크롤링이다. 두 방식의 차이에 대한 기술적인 부분은 넘어가도 좋겠다. 다만 BS4를 이용한 정적 크롤링에서는 웹브라우저에서 자바스크립트 함수를 호출하여 필요한 데이터를 불러오는 작업이 불가하여 종종 BS4로는 크롤링이 되지 않는 경우가 발생한다. 이에 반해 selenium은 주로 웹 동작을 수행하는데, 이는 웹브라우저 상에서 자바스크립트가 실행된다는 의미로 사용되며 이를 동적 크롤링이라 말한다.

selenium의 유용성 :

1] 시각화를 거친 셀레니움은 사용자(user)에게 최적화 되어 있다.

2] 코드실행(디버깅)시 브라우저에서 눈으로 직접 크롤링하는 과정을 확인할 수 있다.

3] 사용자가 보는 웹페이지의 모든 정보(문서, 이미지, 영상, 댓글 수 등)를 가져올 수 있다.

따라서 독자들은 상황에 따라 BS4 또는 selenium을 적절히 사용하여 크롤링을 수행하면 된다. 아직 두 가지 차이점에 대해 잘 이해되지 않는 독자들도 이 책을 따라 수행하다 보면 그 차이점을 알게 될 것이다.

일반적으로 [표2.1]에서 언급한 바와 같이 selenium을 시용하기 위해서는 사용자의 PC 운영체제와 크롬 버전에 맞는 크롬 드라이버의 설치가 필요하다. 그러나 Webdriver Manager를 사용하면 Webdriver Manager가 자동으로 현재 설치된 크롬 버전에 맞는 크롬 드라이버를 다운로드하고 관리해준다. 따라서 파이썬에서는 패키지'webdriver-manager를 설치하여 사용하기만 하면된다. 이에 대해서는 3장 Selenium을 활용한 동적 크롤링에서 자세히 다루도록 하겠다,

앞에서 언급한 라이브러리 외에도 크롤링된 데이터를 분석하고 모델링 하는데 필요한 여러 파이썬 라이브러리를 설치하게 될 것이다. 그 때 그 때 필요한 라이브러리를 설치할 때마다 설명을 하도록 하겠다.

2.3 BS4를 활용한 기사제목 수집

간단히 웹크롤링의 맛보기를 위해 BS4를 이용한 정적 크롤링의 사례를 생각해 보도록 하자. 2023년 우리나라에서는 일본의 후쿠시마 원전 오염수 방류가 정치적, 경제적, 사회적으로 가장 뜨거웠던 이슈 중의 하나였다, 따라서 오염수와 관련하여 온라인상에서 주로 어떤 기사들이 다루어 졌는지를 기사 제목을 통해 확인해 보도록 하자. 즉, '오염수'라는 단어를 포함한 기사의 제목을 수집하고자 하며 수집기간은 2023년 6월 1일부터 30일까지 1개월간으로 생각해보자. 그리고 수집하고자 하는 뉴스기사 제목은 총 50개 만을 가져오기로 한다. 이러한 내용을 BS4 라이브러리를 이용해 크롤링 하고자 하는 것이다. 크롤링에 필요한 주요 내용을 간략히 요약하면 다음과 같다.

웹크롤링 검색 키워드 : 오염수
검색기간 : 2023. 6.1 ~ 2023. 6.30 일까지 1개월
페이지당 추출할 기사수 : 10개
총 추출 페이지수 : 5페이지
추출할 데이터 : 네이버의 기사의 뉴스제목

2.1의 쥬피터 노트북에서 생성한 '웹크롤링 경험해보기.jpynb' 로 돌아가 보자. 웹크롤링 경험해보기.jpynb에서 진행하고자 하는 것은 ❶ 오염수 관련 SNS 데이터 수집하기(웹크롤링)와 수집한 데이터에 대해 ❷ 전처리 및 워드 클라우드 그려보기이다. 이러한 과정을 진행하기 위해 먼저 2.2절에서 설명한 웹크롤링에 필요한 라이브러리들을 불러와야 한다. [프로그램 2.1]은 쥬피터 노트북의 첫 번째 셀에서 주요 라이브러리를 설치하고 두 번째 셀에서 해당 라이브러리를 불러오는

(import)과정이다. 참고로 쥬피터 노트북의 주요 키보드 사용 옵션 들은 쥬피터 노트북 메뉴 중 help -> Keyboard Shortcuts를 클릭하면 [그림 2.10]과 같이 나와 있으니 참고하기 바란다.

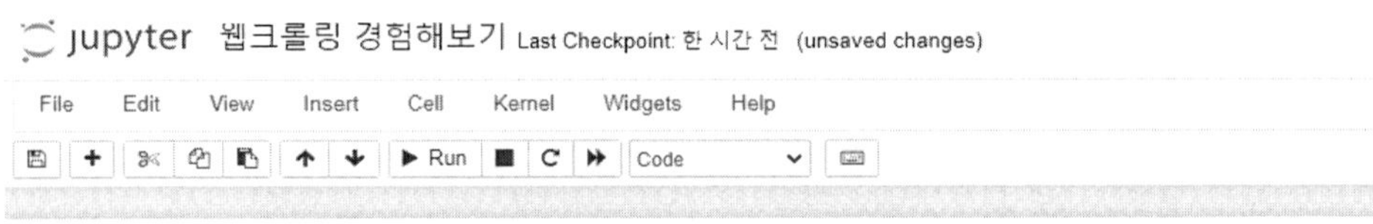


```
In [1]: !pip install requests
        !pip install BS4
        !pip install selenium
        !pip install pandas

In [2]: from bs4 import BeautifulSoup as bs
        import requests
        import collections
        import pandas as pd
```

프로그램 2.1 웹 크롤링에 필요한 라이브러리 설치 및 불러하기

[프로그램 2.2]는 오염수에 대한 웹롤링 데이터를 수집하는 과정을 나타낸다. 프로그램의 맨 앞부분에서 정의한 내용을 자세하게 살펴보도록 하자. 먼저 검색할 키워드(query), 크롤링의 시작시점(start_date)과 종료시점 (end_date), 그리고 페이지당 출력할 기사의 수 (num_articles_ per_page)를 10 페이지로 지정하고 총 추출할 페이지수(num_page)를 정의 하였다.

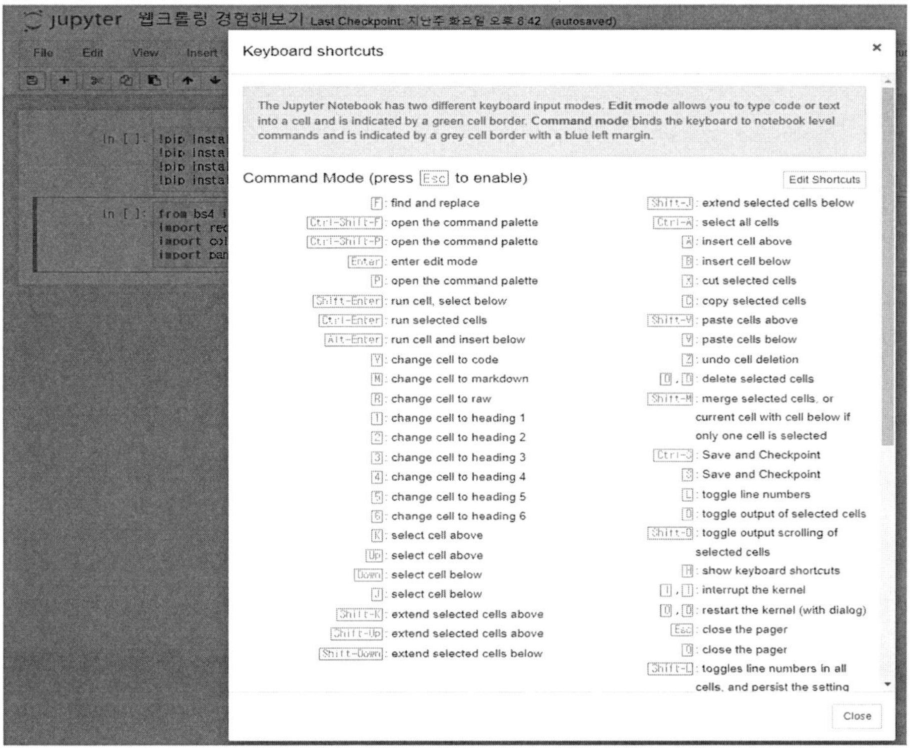

그림 2.10 쥬피터 노트북의 사용 단축키

```
# 키워드를 입력하여 URL 형성
query = input('검색할 키워드를 입력하세요: ')
start_date = input('시작 날짜를 yyyy.mm.dd 형태로 입력하세요: ')
end_date = input('종료 날짜를 yyyy.mm.dd 형태로 입력하세요: ')

num_articles_per_page = 10  # 페이지당 기사 수
num_pages = int(input('추출할 페이지 수를 입력하세요: '))
# 데이터를 저장할 리스트 초기화
data = []

# 각 페이지에 대해 데이터 추출
for page in range(num_pages):
    start_index = page * num_articles_per_page + 1  # 페이지의 시작 인덱스 계산
```

```
# URL 생성
    url =
 'https://search.naver.com/search.naver?where=news&sm=tab_jum&query=' + \
        '%s' % query + "&start=" + str(start_index) + "&pd=3&ds=" + \
        '%s' % start_date + "&de=" + '%s' % end_date

# HTML 문서 가져오기
    response = requests.get(url)
    html_text = response.text

# HTML 파싱
    soup = bs(html_text, 'html.parser')

# 뉴스 기사 제목 추출
    titles = soup.select('a.news_tit')

# 추출한 제목을 데이터 리스트에 추가
    for title in titles:
        data.append(title.get_text())
# 데이터프레임 생성
df = pd.DataFrame(data, columns=['뉴스 제목'])

# CSV 파일로 저장
csv_filename = input('파일명을 입력하세요 : ')
df.to_csv(csv_filename, index=False, encoding='utf-8-sig')
```

프로그램 2.2 오염수에 대한 웹크롤링으로 데이터 수집하기

다음으로 수집한 뉴스기사를 저장할 리스트를 data=[]으로 정의하고, 페이지당 시작하는 기사제목(문서)의 인덱스 번호를 start_index로 지정하였다. 한 페이지에 출력되는 기사제목을 10개씩 나오도록 정의하였기 때문에, 출력되는 뉴스기사 각 각의 페이지(num_pages)당 시작 문서의 인덱스가 1, 11, 21, 31, 41 등으로 표기될 것이다.

다음으로'url=' 이후의 주소는 수집할 데이터에 해당하는 html문서를 지정한 것이다. 즉 크롤링을 시작할 네이버 뉴스의 정렬, 기간 등을 모두 선택한 해당 페이지의 url주소를 나타내며 url=주소에 해당하는 내용은 [그림 2.11]과 같다.

그림 2.11 크롤링 할 해당 페이지

좀 더 자세히 설명하자면 먼저 네이버의 메인창으로 가서 하단의 네이버 뉴스 섹션을 선택한다. 그리고 뉴스섹션의 검색창에 오염수를 치고 검색하면 [그림 2.11]과 같이 나오고 여기서 옵션 버튼을 누른 후 아래의 '기간'을 2023.6.1. ~2023.6.30일로 지정한다. 그리고 여기에 해당하는 url주소를 복사하여 [프로그램 2.2]의 url="의 따옴표 안에 붙여넣어주면 된다.

그 다음은 해당뉴스 기사에서 수집하려고 하는 url 주소와 주소에 해당하는 모든 텍스트들(여기서는 기사 제목에 해당)을 html_text로 정의한 후 파싱하는 과정이다. 파싱이란 문장의 구성 성분을 분해하는 것으로 문서를 원하는 데이터 형태로 분해 및 재구성하여 불러오게 하는 것이다. 문서 내용을 토큰(token)단위로 쪼개어 분석하며, 문법적인 의미와 구조를 반영한 파스트리(parse-tree)를 생성한다. 파싱에 대해 자세하게 공부하고 싶은 독자들은 스스로 찾아 공부하는 것으로 몫을 남겨 두겠다.

이제 뉴스기사 제목을 추출하여 리스트로 저장하고 데이터프레임을 생성한 후 csv 파일로 저장하는 과정을 알아보자. 추출한 뉴스기사의 제목을 select 함수를 이용하여 titles로 저장하고 append 함수를 이용하여 뉴스기사 데이터 리스트에 축적시킨 후에 판다스의 함수인 pd.DataFrame을 이용하여 데이터프레임으로 저장하면서 변수명(columns)을 '뉴스제목'으로 지정한 것이다. 그리고 마지막으로 데이터 프레임을 csv 데이터 파일로 저장하는 과정을 실행 하도록 한다.

```
# CSV 파일로 저장
csv_filename = input('파일명을 입력하세요 : ')
df.to_csv(csv_filename, index=False, encoding='utf-8-sig')
```

```
검색할 키워드를 입력하세요: 오염수
시작 날짜를 yyyy.mm.dd 형태로 입력하세요: 2023.06.01
종료 날짜를 yyyy.mm.dd 형태로 입력하세요: 2023.06.30
추출할 페이지 수를 입력하세요: 5
파일명을 입력하세요 : 오염수.csv
```

프로그램 2.2 하단 csv 파일 저장 및 조건 입력

그러면 [프로그램 2.2 하단]에서 보여주는 것과 같이 실행 하단에 검색할 키워드를 입력하세요: 가 뜨게 된다. 박스안에 검색하고자 하는 키워드 '오염수'를 치고 엔터를 누른다. 시작날짜를 yyyy.mm.dd형태로 입력하세요가 나타나면 검색을 시작할 날짜를 지정해주면 된다. 6월 한 달 동안의 기사검색을 위해 동일한 방식으로 검색 최종 날짜를 2023.06.30 으로 지정한다. 추출할 페이지 수를 입력하세요: 라고 하면 5페이지를 출력하기로 하였으므로 숫자'5를 입력하고 마지막으로 저장할 csv 파일명을 입력해주면 된다. 저자는 총 50개의 뉴스기사 제목이 들어간 데이터 파일을 '오염수.csv'로 저장한 것이다. 여기까지가 웹크롤링을 통해 해당하는 뉴스기사 의 제목 문서를 가져오는 단계의 끝이다. 그렇다면 '오염수.csv' 파일이 제대로 저장되었는지 확인해 보도록 하자. 어디에 저장되어 있을까? [그림 2.12]를 보면 내가 작업한 디렉토리 내에 오염수(.csv) 파일이 생성되어 있음을 확인할 수 있다.

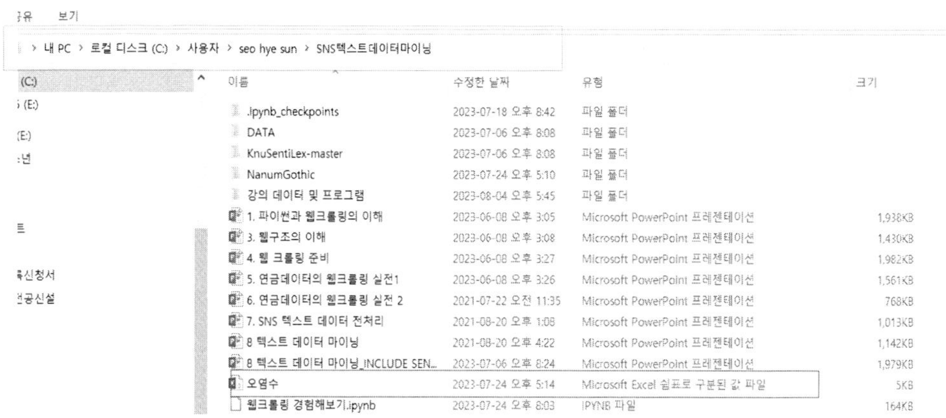

그림 2.12 크롤링 한 오염수.csv 파일 경로 확인하기

오염수.csv 파일이 어떻게 저장되어 있는지 파일을 열어 확인해 보면 [결과 2.1]과 같다. 뉴스 제목들을 크롤링 했으며 변수명(columns)을 '뉴스제목'으로 정의하였기 때문에 [결과 2.1]의 변수명이 '뉴스 제목'으로 들어가 있음을 확인 할 수 있다.

	A	B	C	D	E	F	G
1	뉴스 제목						
2	국회 '오염수 결의안' 野 채택 강행...與, 청문회 개최 거부(종합)						
3	기시다, 오염수 해양방류 각료회의...'안전 확보 철저히' 지시						
4	국민 10명 중 8명 "후쿠시마 오염수 방류 우려"						
5	국민 78%, 日오염수 '해양·수산물 오염' 우려[한국갤럽]						
6	일본 오염수 방류 규탄 결의문 읽다가... 강제 퇴장당한 시의원						
7	정부 "日오염수 관련 보고서 은폐?... 사실 아니다"						
8	야, 이태원특별법 패스트트랙 지정..노란봉투법·오염수 결의안도 강행						
9	한·일 녹색당 공동선언..."핵 오염수 육상보관해야"						
10	'日 오염수 방류' 암보험 판매 활용한 보험사..."엄중 조치"						
11	巨野 또 힘자랑 ... 파업조장법 부의·오염수 결의안 강행						
12	국민 10명 중 8명 "일본 후쿠시마 오염수 방류 걱정된다"						
13	IAEA 사무총장, 내달 직접 방한해 '오염수' 설명 추진						
14	여야, 본회의서 노란봉투법·이태원특별법·日 오염수 결의안 격돌						
15	민주, 日 오염수 방류 철회 촉구 결의안 본회의 단독 처리						
16	오염수 방류 앞둔 日 "한·중 후쿠시마産 규제 풀어라" 압박 [뉴스 투데이]						
17	'日 오염수 방류 저지' 천막 농성 놓고 경찰-정의당 충돌						
18	박광온, 오염수 저지 결의안 채택에 "국민 안전 지키는 데 국회 앞장서야"						
19	정부 "日오염수 관련 보고서 은폐?... 사실 아니다"						
20	야, 이태원특별법 패스트트랙 지정..노란봉투법·오염수 결의안도 강행						

결과 2.1 오염수.csv 파일 내용 일부

2.4 수집된 데이터의 전처리 및 워드클라우드 맛보기

지금까지는 웹크롤링 경험하기의 1단계인 웹상의 SNS 데이터 수집하기 (웹크롤링)을 수행하였다. 그런데 단지 데이터를 크롤링하여 수집하는 것이 목적이 되어서는 안된다. 수집된 데이터로부터 뭔가 의미를 찾고자 이런 과정을 수행한 것이라는 점을 잊지 말아야 한다. 오염수 관련 기사제목을 통해 해당 기간에 어떤 키워드들이 주를 이루었는지, 오염수에 대한 기사제목으로부터 어떤 인사이트를 찾아내려고 했을 것이다. 따라서 지금부터는 웹크롤링의 2단계인 전처리 및 워드클라우드를 진행해보자. 2단계에 해당하는 파이썬 프로그램은 [프로그램 2.3]과 같다. 먼저 워드클라우드 시각화를 위해 필요한 라이브러리 "WordCloud"를 인스톨하고 불러오기(임포트)를 해준다. 그리고 파이썬에서 시각화를 하기 위해 필요한 matplotlib.pyplt 라이브러리를 'plt'로 요약하여 불러온다. import re에서 re 모듈은 regex로 정규 표현식을 사용하기 위해 불러온 것이다. 정규표현식이란 입력한 문자열에서 특정 조건에 해당하는 경우만 추출하고자 할 때 일반적인 조건문으로는 사용이 복잡한 경우가 많아 이럴 때 정규표현식을 이용하면 간단하게 해당조건에 맞는 결과를 가져올 수 있다. re 모듈에 대한 자세한 사용법이나 기능은 다음의 url 문서를 참고하기 바란다(https://docs.python. org /3/library/re.html).

그리고 한국어 문서를 분해하여 분석하기 위해서는 자연어처리를 위한 형태소 분석기를 사용해야 한다. Konlpy(Korean Natural Language Python)는 대표적인 한국어 자연어처리를 위한 패키지로 다양한 형태소분석을 파이썬에서 쉽게 할 수 있도록 몇 가지 형태소 분석기 툴을 제공한다. Konlpy에 대해서는 4장 크롤링 데이터의 전처리에서 자세히 다루도록 하겠다.

```
!pip install WordCloud
from wordcloud import WordCloud
import matplotlib.pyplot as plt
from wordcloud import WordCloud
```

```
import pandas as pd
import re
from konlpy.tag import Okt
from collections import Counter

#❶ 경로를 통해 CSV 파일 읽어오기
df = pd.read_csv("오염수.csv")

#❷ C 열(뉴스 제목)의 데이터를 리스트로 가져오기
c_list = df['뉴스 제목'].tolist()
# 리스트를 하나의 벡터 자료로 합치기
vector = ''.join(c_list)

#❸ 형태소분석기
okt=Okt()
nouns = okt.nouns(vector)

#❹ 데이터 전처리 : 길이가 1인 단어들을 정규 표현식을 이용하여 삭제
shortword = re.compile(r'\W*\b\w{1}\b')
nouns_str = ' '.join(nouns) # 리스트 내 모든 요소를 하나의 문자열로 합침

# 정규 표현식을 이용하여 필터링
filtered_nouns_str = shortword.sub('', nouns_str)

#❺ 불용어 처리
stop_words = ["일본"]

# 불용어 제외한 단어들로 구성된 리스트 생성
filtered_words = [word for word in filtered_nouns_str.split() if word not
in stop_words]

# 단어의 빈도수 계산
word_counts = Counter(filtered_words)
print(word_counts)
```

프로그램 2.3 오염수에 대한 크롤링 데이터의 전처리 과정

이렇게 필요한 라이브러리들을 설치 및 불러왔다면, #❶ 앞에서 저장한 '오염수.csv'파일을 pandas 라이브러리를 통해 pd.read_csv ('오염수.csv')로 불러와 'df'로 저장하였다. [프로그램 2.3]에서는 생략하였지만, 'df'를 출력해보면 (print(type(df)) df가 DataFrame의 구조임을 확인 할 수 있다.

이제 뉴스기사의 제목에서 주로 어떤 단어들을 많이 다루고 있는지를 확인해 볼 필요가 있다. 이것이 크롤링을 하는 주된 목적중의 하나이다. 즉 크롤링을 하는 이유는 이러한 뉴스기사 제목에 해당하는 문장들을 통해 어휘들에 대한 형태소 분석과정을 거쳐 의미있는 단어들의 특징 등을 파악하는 것이라 할 수 있다. 이러한 작업을 하기 위해서는 해당변수("뉴스 제목") 들을 하나의 벡터로 만들고 여기에서 단어들을 추출하는 작업을 진행하는 것이다. 따라서 #❷ 'df' 파일의 변수명인 '뉴스 제목' 에 해당하는 모든 기사 제목들을 1차적으로 리스트(list) 형태로 가져온 후 벡터로 만드는 과정을 거쳐야 한다. 데이터 프레임('df')에서는 바로 단어들을 추출할 수 없으며 반드시 데이터 프레임(df) -> 리스트 변환(c_list) -> 벡터(vector)로 저장 하는 과정을 거쳐야 한다.

이러한 과정이 끝났다면 다음으로 #❸ 단어형태로의 쪼갬 작업 (형태소 분석)을 위해 한글 형태소 분석기를 사용해야 하는데, 여기서는 Okt(Open korean text)로 트위터에서 만든 오픈소스 한글 형태소분석기를 사용 하였다. Okt는 여러 형태소 분석기 툴 중의 하나이다. Okt를 통해 벡터로 부터 한글 형태소분석, 다시 말해 한글을 형태소 단위로 쪼개는 작업을 진행하여 "nouns"로 정의한 것이다. 형태소 분석을 끝내고 "nouns"를 출력해보면 [결과 2.2]와 같다.

이제부터 형태소 분석 결과를 바탕으로 #❹ 데이터 전처리 과정을 진행해야 한다. 보통은 전처리 과정을 모두 마치고 형태소 분석 결과를 보기도 하지만, 특히 웹크롤링의 초보자의 경우에는 어떻게 전처리를 해야 할지를 잘 모를 수 있기 때문에 형태소로 분석한 후에 전처리 과정을 진행해도 된다. 웹 크롤링 데이터 전처리의 자세한 과정은 4장에서 자세히 다루기로 하고 여기서는 간단한 전처리 과정만을 맛보기로 해보자. 먼저 우리말에는 한글자로 된 조사 예를 들어 '은, 는, 이, 가, 의 에' 등등이 많다. 물론 한 글자로 이루어진 의미 있는 단어들도 있지만 그 의미 있는 단어들 대비 조사 등의 단어가 훨씬 높은 빈도를 차지하기 때문에 한글의 크롤링 과정에서는 한글자로 된 단어는 제외하는 것을 권장한다. 정규식을 이용 하여 한글자 단어를 제외한 단어들만을 정리하는 과정이다.

```
print(nouns)
```

```
['국회', '오염수', '결의', '안', '채택', '강행', '청문회', '개최', '거부', '종합', '오염수', '해양', '방류',
'각료', '회의', '안전', '확보', '지시', '국민', '명', '중', '명', '후쿠시마', '오염수', '방류', '우려', '국
민', '오염수', '해양', '수산물', '오염', '우려', '한국', '갤럽', '일본', '오염수', '방류', '규탄', '결', '의
문', '강제', '퇴장', '의원', '정부', '오염수', '관련', '보고서', '은폐', '사실', '이태원', '특별법', '패스트',
'트랙', '지정', '봉투', '법', '오염수', '결의', '안도', '강행', '일', '녹색당', '공동', '선언', '핵', '오염
수', '상보', '관해', '오염수', '방류', '보험', '판매', '활용', '보험사', '엄중', '조치', '또', '힘자랑', '파
업', '장법', '부의', '오염수', '결의', '안', '강행', '국민', '명', '중', '명', '일본', '후쿠시마', '오염수',
'방류', '걱정', '사무', '총장', '내달', '직접', '방한', '오염수', '설명', '추진', '여야', '본회의', '봉투',
'법', '이태원', '특별법', '오염수', '결의', '안', '격돌', '민주', '오염수', '방류', '철회', '촉구', '결의',
'안', '본회의', '단독', '처리', '오염수', '방류', '중', '후쿠시마', '규제', '압박', '뉴스', '투데이', '오염
수', '방류', '저지', '천막', '농성', '경찰', '정의당', '충돌', '박광온', '오염수', '저지', '결의', '안', '채
택', '국민', '안전', '데', '국회', '정부', '오염수', '관련', '보고서', '은폐', '사실', '이태원', '특별법', '패
스트', '트랙', '지정', '봉투', '법', '오염수', '결의', '안도', '강행', '오염수', '설득', '위해', '한국', '히든
카드', '여당', '후쿠시마', '오염수', '이태원', '참사', '선동', '종합', '오늘', '본회의', '이태원', '특별법',
'오염수', '결의', '안', '여야', '충돌', '전망', '학계', '오염수', '처리', '설비', '정상', '작동', '땐', '방
출', '문제', '사실', '확인', '원전', '오염수', '불안', '소금', '사재기', '처벌', '후쿠시마', '오염수', '청주
시', '의회', '환경', '위원장', '민주', '전현희', '정치', '감사', '감사원', '국정조사', '요구', '제출', '정부',
'왜', '오염수', '해양', '방출', '최선', '고요', '오염수', '최종', '보고서', '공개', '직후', '사무', '총장',
'방한', '언론', '일본', '오염수', '반대', '부산', '시민', '선언', '명', '육박', '봉투', '법', '야당', '단독',
'본회의', '이태원', '특별법', '은', '패스트', '트랙', '봉투', '법', '본회의', '부의', '이태원', '특별법', '패
```

결과 2.2 오염수 데이터의 형태소 처리 후 결과

다음은 #❺ 불용어 처리 과정을 보여준다. 오염수 관련해서는 주로 일본관련 내용이므로 기워드 "일본"을 제외시키는 과정이다. 먼저 stop_words로 "일본"을 정의하고 앞에서 정리된 형태소 리스트에서 stop_words를 제외 시키는 것이다.

전처리 과정이 끝나면 유니크한 개별 단어별로 빈도를 계산하여 word_counts를 만들고 이것을 바탕으로 워드클라우드를 그린다. 데이터 빈도를 확인하기 위해 word_counts를 출력해보면 [결과 2.3]과 같다. [결과 2.3]에서 각 단어별 뉴스제목에 나타난 빈도수가 적은 이유는 검색기간을 1개월로 제한하고, 페이지당 문서 추출수를 10개로, 그리고 총 5페이지만 불러왔기 때문에 전체 크롤링된 기사제목 문서수가 총 50개로 매우 제한적이다. 실제로 관련 기사제목을 크롤링하여 의미있는 분석을 진행하고자 한다면 충분한 양의 데이터가 필요하므로 더 오랜기간(1년, 3년 등)의 데이터를 수집해야 한다. 다만 수집하고자 하는 기간이 길수록 크롤링에 훨씬 더 많은 시간이 소요된다는 점을 알아야 한다.

```
Counter({'오염수': 48, '결의': 16, '방류': 14, '후쿠시마': 10, '이태원': 9, '특별법': 8, '본회의': 8, '봉투': 7, '국회': 5, '강행': 5,
'정부': 5, '여야': 5, '채택': 4, '민주': 4, '단독': 4, '처리': 4, '종합': 3, '해양': 3, '국민': 3, '부의': 3, '보험': 3, '관련': 3,
'보고서': 3, '사실': 3, '지정': 3, '표결': 3, '저지': 3, '반대': 3, '청문회': 2, '안전': 2, '우려': 2, '퇴장': 2, '의원': 2, '한국':
2, '은폐': 2, '패스트': 2, '트랙': 2, '안도': 2, '선언': 2, '사무': 2, '총장': 2, '내달': 2, '방한': 2, '철회': 2, '촉구': 2, '규제':
2, '충돌': 2, '위해': 2, '여당': 2, '참사': 2, '오늘': 2, '방출': 2, '정치': 2, '감사원': 2, '국정조사': 2, '통과': 2, '투쟁': 2, '괴
담': 2, '야당': 2, '개최': 1, '거부': 1, '각료': 1, '회의': 1, '확보': 1, '지시': 1, '규탄': 1, '의문': 1, '강제': 1, '힘자랑': 1, '파
업': 1, '장법': 1, '수산물': 1, '오염': 1, '갤럽': 1, '판매': 1, '활용': 1, '보험사': 1, '엄중': 1, '조치': 1, '녹색당': 1, '공동': 1,
'상보': 1, '관해': 1, '단식': 1, '우원식': 1, '분통': 1, '직접': 1, '설명': 1, '추진': 1, '격돌': 1, '압박': 1, '뉴스': 1, '투데이':
1, '추가': 1, '협의': 1, '천막': 1, '농성': 1, '경찰': 1, '정의당': 1, '박광온': 1, '설득': 1, '히든카드': 1, '선동': 1, '전망': 1,
'학계': 1, '설비': 1, '정상': 1, '작동': 1, '문제': 1, '확인': 1, '원전': 1, '불안': 1, '소금': 1, '사재기': 1, '처벌': 1, '청주시':
1, '의회': 1, '환경': 1, '위원장': 1, '불참': 1, '전현희': 1, '감사': 1, '요구': 1, '제출': 1, '최선': 1, '고요': 1, '최종': 1, '공
개': 1, '직후': 1, '언론': 1, '패트': 1, '부산': 1, '시민': 1, '육박': 1, '특위': 1, '선관위': 1, '국조': 1, '논의': 1, '속보': 1, '법
안': 1, '상정': 1, '언쟁': 1, '발병': 1, '상승': 1, '라이프': 1, '가입': 1, '폭염': 1, '예보': 1, '주말': 1, '집회': 1, '동원령': 1,
'국힘': 1, '어민': 1, '볼모': 1, '거리': 1, '장외': 1, '비판': 1, '발언': 1, '대응': 1, '연일': 1, '횟집': 1, '식사': 1, '여론': 1,
'일단': 1, '팔고': 1, '방사': 1, '공포': 1, '마케팅': 1, '논란': 1, '원정': 1, '관저': 1, '시위': 1, '지지율': 1, '하락': 1, '부채질':
1, '자충수': 1, '원자력': 1, '사흘': 1, '검사': 1, '주도': 1, '사진관': 1, '반발': 1, '파기': 1, '윤재옥': 1, '윤희석': 1, '문재인':
1})
```

결과 2.3 오염수 관련 단어별 빈도

이제 마지막으로 단어별 빈도수를 기반으로 워드클라우드를 그려보자. 워드클라우드를 그리는 과정은 [프로그램 2.4]와 같다. 워드클라우드는 텍스트 데이터에서 단어별 빈도 등의 크기를 기반으로 데이터 분포를 시각화 해주는 매우 유용한 시각화 툴이다. 빈도가 많은 단어는 크고 굵게, 빈도가 작은 단어들은 작고 가늘게 표현하여 줌으로써 직관적인 결과 해석을 용이하게 해준다. 그런데 한글의 경우 워드클라우드를 그릴 때 아무 폰트나 사용 할 수 없고 한글을 지원하는 폰트를 사용해야 한다. 워드 클라우드에서 사용할 수 있는 한글폰트는 나눔(Nanum), 고딕(Gothic), 바탕(Batang)폰트이다. 그리고 나눔,고딕(NanumGothic) 폰트는 네이버의 무료폰트를 다운받아 사용할 수 있다. 네이버의 무료 폰트를 다운 받으면 NanumGothic 폴더내에 NamumGothic.ttf, NamunGothicBold.ttf 등이 저장 되어 있음을 확인할 수 있다. 이 중 중에 원하는 폰트를 지정하면 된다. [프로그램 2.4]에서 저자는 NanumGothicBold.ttf를 지정하였다. 나머지 옵션들에 대해서는 4장. 크롤링 데이터의 전처리에서 자세히 다루도록 하겠다.

```
#워드 클라우드
file_path='C:/Users/seo hye sun/SNS텍스트데이터마이닝/'
wordcloud = WordCloud(font_path = file_path +
'NanumGothic/NanumGothicBold.ttf', background_color='white',colormap =
 "Accent", width=600, height=400).generate_from_frequencies(word_counts)
```

```
# 워드 클라우드 출력
plt.figure(figsize=(10, 5))
plt.imshow(wordcloud, interpolation='bilinear')
plt.axis('off')
plt.show()
```

프로그램 2.4 워드클라우드로 시각화 하기

오염수 데이터의 워드클라우드 결과는 [그림 2.13]과 같다. "오염수", "방류", "결의", "후쿠시마", "본회의", "특별법", "이태원" 등의 주요 키워드들이 뉴스 기사의 제목에 주로 사용되고 있음을 알 수 있다. "후쿠시마"의 경우도 일본 후쿠시마 원전에 대한 이슈로 누구나 다 알고 있는 것이라면 불용어에서 제거하는 것이 좋을 것 같다. "이태원" 등의 키워드는 국가의 큰 재난이나 사고 등과 연관하여 뉴스 기사 주제를 다루었을 가능성을 생각하게 한다.

이상으로 2023년을 뜨겁게 달구었던 일본 후쿠시마 오염수 방출관련 '오염수'를 키워드로 한 워드클라우드 맛보기를 마무리하기로 한다.

그림 2.13 오염수 관련 단어별 빈도

2.5 연습문제

1. 파이썬 라이브러리 중 BS4 / matplotlib / wordcloud 각각에 포함된 함수, 메서드 등을 조사하고 각 패키지의 주요 특징들을 설명하라.

2. BS4(BeautifulSoup)을 이용하여 '부동산' 이라는 키워드로 다음의 조건에 맞추어 웹 크롤링을 하라.

   기간 : 최근 3개월
   채널 : 네이버 블로그 뉴스 기사 제목

3. 1번의 웹 크롤링 데이터에 대한 전처리를 시행하라. 특히 불용어 처리 내용과 근거를 제시하라.

4. 크롤링한 데이터에 대해 워드클라우드를 그려라.

제3장 Selenium을 이용한 동적 크롤링

3장. Selenium을 이용한 동적 크롤링

3.1 파이썬 라이브러리 Selenium 소개

Selenium(셀레니움)은 파이썬에서 동적 웹크롤링을 하기 위해 반드시 필요한 라이브러리이다. 동적 크롤링이란 동적인 데이터를 수집하는 방법을 의미한다. 동적데이터란 웹페이지가 사용자 상호작용 등에 의해 동적으로 생성되는 정보를 의미하며 정적데이터가 변하지 않는 데이터를 의미하는 반면 동적데이터는 입력, 출력, 로그인 등 페이지 이동을 거쳐야 파악할 수 있는 데이터를 의미한다. 즉 동적으로 생성되는 콘텐츠를 수집하는 방법이라 할 수 있다. 쉽게 말 해 해당하는 웹페이지상의 모든 자료를 크롤링 해 올 수 있다는 뜻이다. 예를 들어 특정 블로그 글을 크롤링으로 수집하고 싶을 때 블로그 메인 글 외에도 블로그 내에 포함된 사진이나 영상. 그리고 댓글의 수 및 댓글 내용 등을 모두 수집해 올 수 있다는 것이다. 이러한 동적 크롤링은 브라우저를 사용하여 연속적으로 접근하기 때문에 수집하는 데이터의 한계는 없지만 그런 만큼 속도가 느려진다는 점을 감안해야 한다.

Selenium은 사용하는 웹브라우저를 제어하면서 크롤링하고자 하는 웹페이지를 열고, 텍스트, 링크, 이미지, 댓글 등 사용자가 보는 웹페이지상의 모든 정보를 식별하여 데이터를 가져올 수 있다. 또한 Selenium을 이용한 동적 크롤링이 진행될 때는 사용자가 웹브라우저를 통해 진행하는 과정의 단계 단계를 직접 눈으로 확인할 수 있다. 이러한 동적 크롤링을 위해서는 본인이 사용하는 웹브라우저에 맞는 드라이버가 있어야 하는데 직접 드라이브를 설치하는 방법과 설치하지 않고도 드라이버를 사용할 수 있는 두 가지 방식에 대해 설명하겠다.

먼저 사용자가 사용하는 웹브라우저에 해당하는 드라이브를 설치하는 경우이다. 사용자가 사용하는 브라우저들 “Chrome”, “Firefox”, ”Apple safari“, ”Microsoft Edge“ 등의 해당 웹브라우저에 맞는 드라이버를 설치해 주어야 한다. 저자는 웹브라우저로 Chrome을 사용하기 때문에 크롬드라이버(ChromeDriver)를 설치해야 하며 지금부터 크롬 드라이버를 설치해 보자.

- Apple Safari
  - 사파리 10은 WebDriver API를 지원한다.
- Google Chrome
  - ChromeDriver를 별도로 다운로드 하고 경로를 지정해 주어야 한다.
- Internet Explorer
  - Selenium project에서 IE용 Driver를 제공한다.
- Microsoft Edge
  - Microsoft Edge WebDriver도 Selenium을 위한 WebDriver 사용이 가능하다.
- Mozilla Firefox
  - Firefox 47.0.1 이상을 테스팅하기 위해서는 Mozilla GeckoDriver가 필요하다.

크롬드라이버를 설치할 때는 현재 본인이 사용하는 PC의 크롬 버전에 맞는 드라이버를 설치해야하기 때문에 먼저 자신의 PC에서 크롬의 버전을 확인해야 한다.

❶ 먼저 크롬을 오픈(google.com) 한 후 [그림 3.1]과 같이 오른쪽 상단의 세 개의 점을 클릭하여 ‘설정’ 페이지로 들어간다. 그리고 [그림 3.2]의 왼쪽 하단에 있는 ‘Chrome 정보’를 클릭하여 현재의 버전을 확인한다. 이때 크롬이 최신 버전이 아니라면 먼저 업데이트가 필요하다. 자신이 사용하고 있는 크롬의 버전을 기억하자.

그림 3.1 사용자가 사용 중인 크롬 버전 확인하는 방법

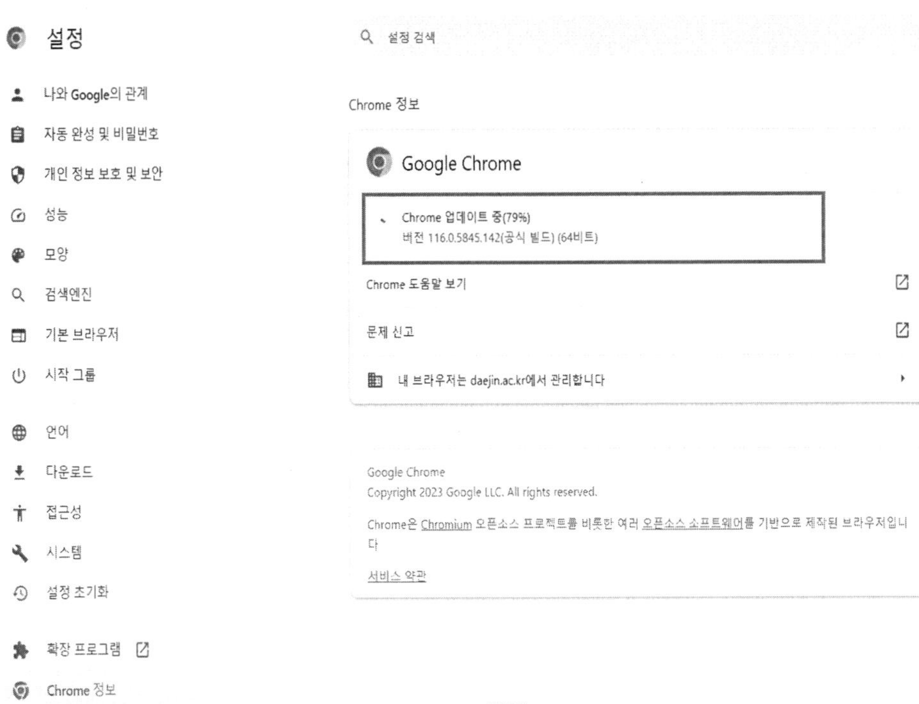

그림 3.2 구글 크롬의 현재 버전 확인하기

❷ Google 주소창에'chromedriver'를 검색하면 [그림 3.3]이 나타나고 붉은 박스로 표기된 부분을 클릭하면 [그림 3.4]와 같이 다양한 버전의 크롬드라이버를 확인 할 수 있다.

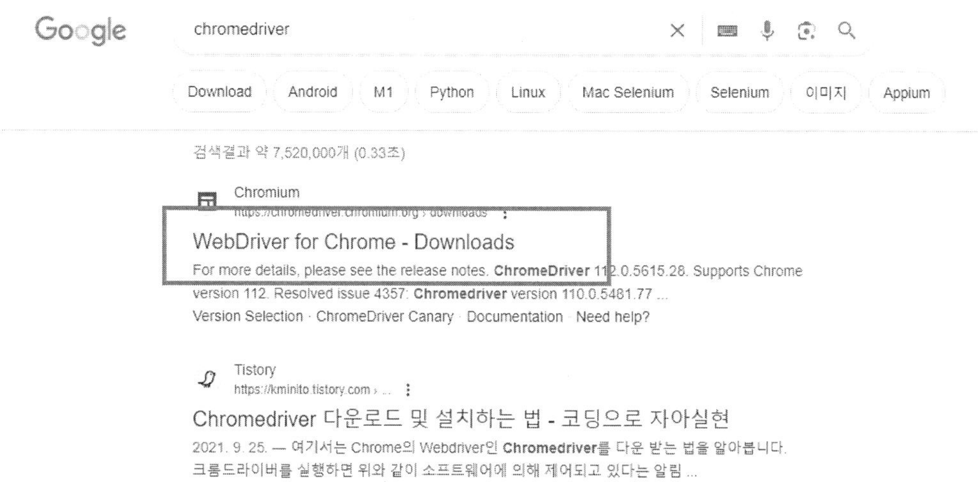

그림 3.3 크롬 드라이버 다운로드 검색

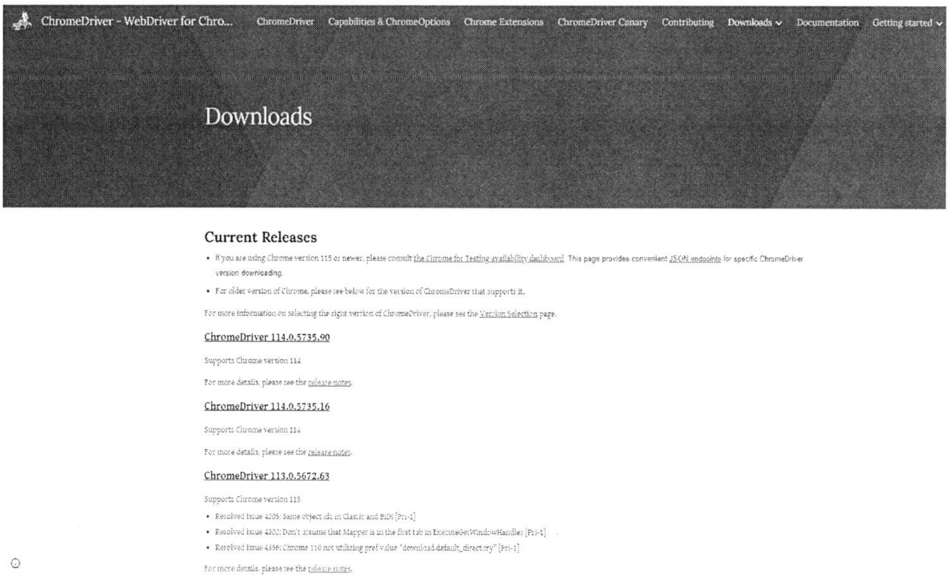

그림 3.4 크롬드라이브 다운로드 화면

❸ ❶에서 확인한 사용자의 크롬 버전에 맞는 크롬드라이버의 압축파일을 다운로드하여 설치하면 된다. 이 때 크롬드라이버가 설치되는 경로를 반드시 알고 있어야 한다. selenium을 이용하여 크롤링을 할 때 파이썬에서 크롬드라이브가 설치된 경로를 지정해 주어야하기 때문이다. 즉 selenium 으로부터 웹드라이버를 임포트 한 후 크롬드라이브가 설치된 경로를 "driver=webdriver.Chrome("저장경로")" 형태로 지정해주어야 한다. 이 부분은 뒤에서 다시 설명하기로 한다.

```
from selenium import webdriver
driver=webdriver.Chrome(" path of webdriver ")
```

이러한 과정을 끝내고 나면 [그림 3.5]와 같이 Chrome이 자동화된 테스트 소프트웨어에 의해 제어되고 있습니다 라는 pop-up창이 뜨게 된다.

그림 3.5 Chrome기반의 동적 크롤링 제어 준비 완료

지금부터 동적 크롤링을 할 준비가 완료 되었다는 것이다.

❹ 이제 Selenium 패키지를 설치하면 된다. 셀레니움을 설치할 때는 다음과 같이 파이썬 관리자 화면인 anaconda prompt에서 패키지 관리자인 pip를 이용하여 패키지를 설치하면 된다. [그림 3.6]과 같이 관리자 화면인 anaconda prompt를 클릭하면 [그림 3.7]과 같이 cmd(command prompt) 화면이 나타난다. cmd상에서 패키지를 설치하기 위해서는

pip install package-name

을 실행하면 된다. 따라서 selenium 설치를 위해 pip install selenium 이라고 하면 설치가 시작된다. 설치가 완료되면 성공적으로 설치가 되었다는

메시지가 뜰 것이다.(Successfully installed selenium)

그림 3.6 관리자인 anaconda prompt

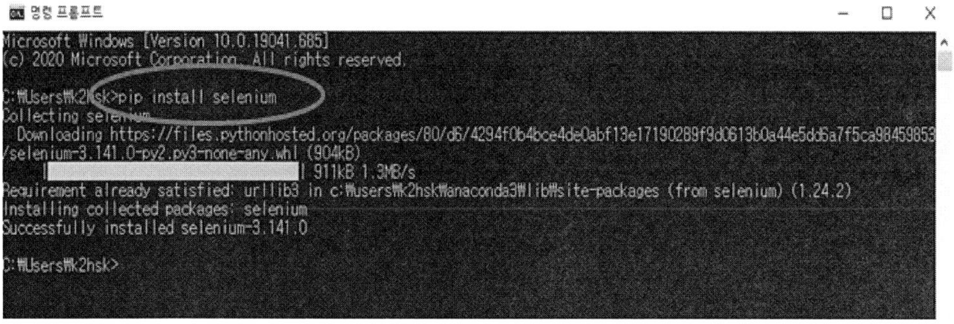

그림 3.7 cmd상에서 패키지 selenium 설치하기

파이썬 패키지를 설치하는 방법으로 anaconda prompt 관리자 화면이 아닌 쥬피터 노트북에서도 직접 설치를 할 수 있다. 쥬피터 노트북에서 패키지를 설치할 때에는

!pip install package-name

형식으로 pip앞에 !만 붙여주면 된다(이미 2장에서 설치를 해 보았기 때문에 알고 있을 것이다). [프로그램 3.1]과 같이 쥬피터 노트북에서 직접 필요한 패키지를 설치할 수 있다. 다만 간혹 쥬피터 노트북에서 패키지를 설치시 에러가 발생하는 경우가 있으므로 cmd 상에서의 패키지 설치를 권장한다.

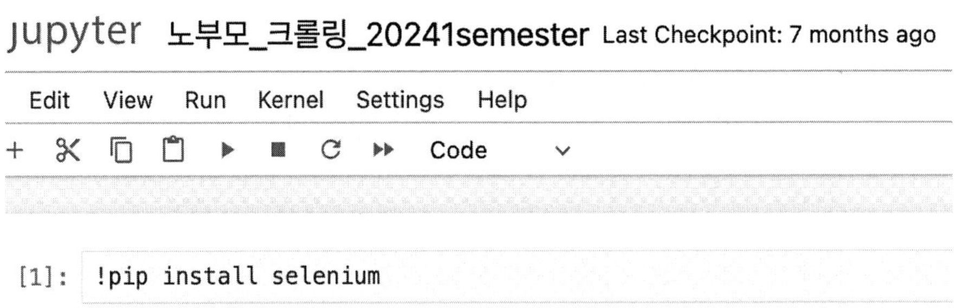

프로그램 3.1 쥬피터 노트북에서 selenium 설치하기

selenium을 설치하고 나면 크롬드라이버가 잘 작동하는지를 확인해야 한다. 이를 위해서는 ❸에서 설명한 바와 같이 selenium으로부터 webdriver 를 임포트 한 뒤 크롬드라이버가 설치된 경로를 [프로그램 3.2]와 같이 실행시켜야 한다. driver=webdriver.Chrome("사용자 pc에서 크롬 드라이버가 설치된 경로)를 지정해 주어야 한다.

```
from selenium from webdriver
driver=webdriver.Chrome('C://chrome/chromedriver-win64/chromedriver.exe')
```

프로그램 3.2 크롬드라이브의 설치경로 지정하기

그러나 앞의 크롬 드라이버를 설치하는 과정을 진행시 문제가 발생하는 경우가 있을 것이다. 바로 내 크롬버전에 맞는 크롬 드라이버를 찾기가 어려운 경우이다. 최근에는 크롬의 버전 업그레이드가 빈번하여 버전이 높아지고 있으며 크롬 버전에 맞는 드라이버를 찾지 못하는 경우가 빈번하다. 이러한 경우 바로 두 번째 방법으로 드라이브를 불러오면 된다.

selenium의 버전이 업그레이드되면서(selenium 4) 크롬 드라이버를 직접 설치하거나 다운로드 하지 않아도 selenium에 WebDriver Manager가 내장되어 있어 크롬드라이버를 자동으로 관리한다. 따라서 다음과 같이 작성해 주면 된다.

```
from selenium from webdriver
driver = webdriver.Chrome()
```

프로그램 3.2 수정 크롬드라이브의 설치경로 지정하기

3.2 Selenium의 주요 메서드

본 서에서는 파이썬 라이브러리나 파이썬 함수, 메서드 등에 대한 소개나 설명은 가급적 생략하려고 한다. 이미 파이썬 사용법이나 사용 함수 등과 관련된 다양한 서적들, ChatGTP를 포함한 온라인상의 많은 참고 자료들이 있어 독자들이 공부하는데 별 어려움이 없을 것이다. 다만 본 서의 주된 내용이 동적 웹크롤링을 통한 텍스트데이터 마이닝인 만큼 동적 크롤링을 위한 패키지인 Selenium의 브라우저 메서드 몇 가지를 살펴보고자 한다.

driver : 웹브라우저를 제어하고 웹페이지와 상호작용하는 객체
driver.get("url") : "url"주소에 해당하는 웹페이지 가져오기 driver.title() : 해당 웹 페이지의 제목 가져오기 driver.fullscreen_window() : 브라우저 윈도우의 전체 화면을 불러오기 driver.back() : 브라우저에서 웹페이지를 자동으로 뒤로 이동하기 driver.forward() : 브라우저에서 웹페이지를 자동으로 앞으로 이동하기 driver.execute_script("window open('url')") : 새 탭에서 새 웹사이트를 열 때 사용

find_element_by : 크롤링시 가장 빈번하게 사용되는 메서드
find_element_by_id : 주어진 속성 id와 일치하는 요소(오브젝트) 찾기 find_element_by_class_name : 주어진 class 이름과 일치하는 요소(오브젝트) 찾기 find_element_by_xpath : xpath를 이용해서 요소 찾기 find_element_by_partial_link_text : 링크 텍스트와 부분적으로 일치하는 요소 찾기 find_element_by_tag_name : 주어진 HTML의 태그 이름과 일치하는 요소 찾기 find_element_by_css_selector : css 선택자를 이용하여 요소 찾기

기타 selenium을 통한 크롤링시 필요한 함수와 메서드 등은 다음의 사이트를 참고하여 각자 공부하기 바란다.

https://scholar.harvard.edu/files/tcheng2/files/selenium_documentation_0.pdf

: selenium 4.10 documentation

https://selenium-python.readthedocs.io/index.html

: Selenium with python

https://www.selenium.dev/documentation/

: selenium browser automation project

3.3 Selenium을 이용한 동적 크롤링 해보기

동적크롤링을 위해 관심을 갖는 영역으로 인간관계에 초점을 맞추어 '노인 부양'라는 키워드를 중심으로 웹크롤링을 해 보고자 한다. 다음과 같이 크롤링을 할 채널과 크롤링 기간 등을 정의하였다.

크롤링 키워드 : 노인 부양
데이터 수집 채널 : 네이버 블로그
데이터 수집기간 : 2024.03.01 ~ 2024.03.25

데이터 수집기간이 길어지면 크롤링하는데 사용자의 PC환경 등에 따라 부하가 걸리거나 과도한 시간이 들어 단기간의 데이터만 크롤링 해 오는 것으로 제약을 두기로 한다. 이제 본격적으로 selenium을 이용한 동적 크롤링을 실시해 보도록 하자.

```
# 라이브러리 불러오기
from selenium import webdriver                    # 브라우저 자동화를 위한 모듈
import requests                                   # HTTP 요청을 보내기 위한 모듈
from bs4 import BeautifulSoup as BS               # HTML 내용 파싱을 위한 모듈
import pandas as pd                               # 데이터 조작 및 분석을 모듈
import time                                       # 코드 실행 속도 조절을 위한 모듈
import re                                         # 정규 표현식 사용을 위한 모듈
import pickle                                     # 파이썬 객체 직렬화를 위한 모듈
from selenium.webdriver.common.by import By
                                      # 다양한 방법으로 엘리먼트를 찾기 위한 모듈
import datetime                       # 날짜와 시간 연산을 위한 모듈
```

프로그램 3.3 동적크롤링에 필요한 라이브러리 임포트하기

❶ 필요한 라이브러리들을 임포트

[프로그램 3.3]에서 from selenium.webdriver.common.by import By는 selenium 웹드라이버 라이브러리를 사용시 자주 이용되는 임포트 형식으로 셀레

니움 웹드라이버에서 사용되는 검색 방법을 지정하는 클래스를 가져오는 형식이다. 여기서 By 클래스는 selenium의 일부로 웹페이지상에서 웹 요소들을 위치시키는데 사용된다.

from selenium.webdriver.common.by import By
common.by :
common : selenium 내에 있는 클래스와 모듈을 포함하는 하위 패키지

by : 하나의 모듈이며 다양한 기준으로 웹 요소를 찾는데 사용되는 메서드와 클래스를 제공

By : common.by 모듈내에 있는 클래스이며 웹페이지에서 웹 요소를 찾는 방법을 지정하는 상수와 메서드를 정의하며, 자주 사용되는 By 속성들은 다음과 같다.
By.ID : HTML에서 'id'속성을 이용하여 요소를 찾음
By.XPath : 절대경로인 XPath 를 이용하여 찾고자 하는 경우
By.CLASS_NAME : HTML에서 class속성을 이용하여 요소를 찾는 경우

import request : 웹서버에 HTTP요청을 보내어 웹데이터를 받아오는데 필요한 라이브러리로 주로 웹 스크래핑, 웹 API 호출, 웹서버와의 상호작용 등에 관련한 작업에 사용

import time : 시간과 관련된 함수와 클래스를 제공하는 모듈로 시간을 연장시키거나 시간을 측정하는 등의 작업에 필요

import pickle : 수집한 데이터를 파이썬의 피클형식(.pkl)으로 저장하기 위해 필요한 라이브러리

import pandas : 데이터를 불러오고 정제하거나 필터링, 집계, 분석 등 일련의 데이터를 조작하고 통계적 분석 등을 수행하는데 가장 필수적인 라이브러리

❷ 크롬 드라이브가 있는 경로를 지정하거나 내장된 크롬드라이버 구동하기

이는 2장에서 실행했으므로 건너 뛰어도 되며 앞에 경로 지정을 다음과 같이 반복해서 실행 해주어도 된다. selenium4 이하에서는 크롬드라이버를 다운로드한 후 [프로그램 3.4]와 같이 설치하면 된다.

```
file_path = 'C:\\Users\\User\\'
path = file_path + 'chromedriver-win64\\chromedriver.exe'
#크롬 드라이버 실행
driver = webdriver.Chrome(path)
```

프로그램 3.4 크롬드라이브가 있는 경로 지정

그러나 selenium4 이상에서는 그롬 드라이버를 자동으로 다운 및 실행하는 기능이 추가되어 있어 별도로 크롬 드라이버를 설치하지 않고도 아래와 같이 내장된 webdriver.Chrome을 불러오면 된다. 즉 크롬 드라이버의 최신버전에 맞는 드라이버를 자동으로 선택하여 사용하기 때문에 크롬 브라우저와의 호환성이 개선되었다고 할 수 있다.

```
driver = webdriver.Chrome()
```

❸ 검색할 키워드 지정 및 데이터 수집기간 설정하기

```
# 네이버 블로그 검색 페이지로 이동
driver.get('https://search.naver.com/search.naver?ssc=tab.blog.all&sm=tab
_jum&query=%EB%85%B8%EC%9D%B8+%EB%B6%80%EC%96%91&nso=p%3Afrom20240301to20
240325')
```

프로그램 3.5 검색할 키워드와 검색기간에 해당하는 url주소

자료의 수집기간을 설정하는 방법은 여러 가지가 있지만 가장 편리한 방법은 검색하고자 하는 채널인 네이버에 들어가서 직접 검색어와 검색 기간을 지정한 후

[프로그램 3.5]와 같이 해당 url주소를 복사하여 붙여넣는 방법으로 진행하고자 한다. 먼저 네이버 검색창에 '노인 부양'을 치고 검색버튼을 누르면 [그림 3.8]로 이동하고, [그림 3.8]에서 하위 메뉴 중 '블로그'를 클릭하면 [그림 3.9]로 전환된다. [그림 3.9]에서 왼쪽의 옵션을 누르면 [그림 3.10]과 같이 검색 기간 등을 지정할 수 있는 화면으로 전환된다. 여기서 '직접입력'을 클릭하여 크롤링할 기간을 지정하면 된다.

그림 3.8 크롤링_네이버에서 검색 키워드 치기

그림 3.9 옵션 선택하기

[그림 3.10]에서 기간을 2024년 3월 1일부터 2024년 3월 25일을 지정한다. 그리고 이에 해당하는 상단의 url주소를 [프로그램 3.5]의 driver.get() 괄호안에 복사하여 넣어주면 된다.

driver.get("url주소")

그림 3.10 검색 키워드와 검색 기간이 완료된 페이지와 url

❹ 해당 페이지 스크롤 정의 및 반복 실행

이제 크롤링하고자 하는 웹페이지의 자료를 검색하는 방식에 대해 이해를 해보도록 하자. 예를 들어 어떤 검색사이트에서 기사를 검색한다고 생각해 보자. 첫 페이지에 기사 제목과 기사 글이 10여 개가 순서대로 뜨고 다음 페이지의 기사를 보고자 할 때는 하단에 1,2,3 등의 페이지 번호가 있어 페이지를 클릭해야 다음 기사를 볼 수 있는 방식이 그 하나이다. 반면에 어떤 검색사이트는 페이지 번호 없이 스크롤을 이용해서 계속 아래로 스크롤 해가면서 기사를 찾도록 구성해 놓은 방식이 또한 존재한다. 우리가 검색하고자 하는 네이버는 스크롤을 해가면서 자료를 검색할 수 있도록 구성되어 있다. 따라서 지금부터는 네이버 블로그의 '친구우정'에 해당하는 모든 문서를 스크롤링 방식을 통해 크롤링하는 과정을 알아본다.

다음 페이지의 기사를 보고자 할 때는 하단에 1,2,3 등의 페이지 번호가 있어 페이지를 클릭해야 다음 기사를 볼 수 있는 방식이 그 하나이다. 반면에 어떤 검색사이트는 페이지 번호 없이 스크롤을 이용해서 계속 아래로 스크롤 해가면서 기사를 찾도록 구성해 놓은 방식이 또한 존재한다. 우리가 검색하고자 하는 네이버는 스크롤을 해가면서 자료를 검색할 수 있도록 구성되어 있다. 따라서 지금부터는 네이버 블로그의 '친구우정'에 해당하는 모든 문서를 스크롤링 방식을 통해 크롤링하는 과정을 알아본다.

```
import datetime

# 스크롤 다운 함수 정의
def doScrollDown(whileSeconds):
    start = datetime.datetime.now() # 스크롤 다운 시작 시간 설정
    end = start + datetime.timedelta(seconds=whileSeconds)
        # 스크롤 다운 종료 시간 설정
    while True:
        # 페이지 맨 아래로 스크롤 다운
        driver.execute_script('window.scrollTo
        (0, document.body.scrollHeight);')
        time.sleep(1) # 1초 대기

        # 종료 시간에 도달하면 반복 종료
        if datetime.datetime.now() > end:
            break
```

프로그램 3.6 크롤링할 페이지 스크롤링 기준 설정

import datetime :

datetime은 파이썬에서 날짜와 시간 등을 다루는데 사용되는 라이브러리로 날짜와 시간을 생성한다든가, 날짜, 시간 등의 연산 작업을 하기 위해 필요하다. 특히 웹문서 클롤링시 datetime은 매우 중요한 역할을 한다. 웹 페이지를 크롤링할 때 페이지 하나 하나를 읽어올 때마다 약간의 time duration(1~2초)을 줄 필요가 있다. 그렇게 지정하지 않으면 크롤러가 무척 빠르게 페이지를 요청하면서 웹서버에 부하가 걸린다던가, 웹서버의 성능 저하 발생 등으로 크롤링하는 과정에 작동을 멈추는 현상 등의 문제가 발생할 수 있다. 앞에서 크롤링 한 문서와 이어지는 문서 사이에 약간의 시간적 간격을 제공함으로써 이러한 오류를 사전에 예방할 수 있겠다.

def doScrollDown() :

end = driver.execute_script("return document.body.scrollHeight")

스크롤다운(doScrollDown)을 정의하고 스크롤의 맨 마지막 페이지까지 갔을 때 끝내라는 명령어이다.

driver.execute_script(' window.scrollTo(0, document.body.scrollHeight);')

첫 페이지(문서)에서 맨 마지막 페이지까지 스크롤 해 오라는 명령어이다.

time.sleep(1)

한 페이지를 크롤링한 후 1초 뒤에 다음 페이지를 크롤링 하라는 의미이다. time sleep을 주는 이유는 크롤링 진행과정에서 잠시 쉬어가기를 하지 않을 경우 스크롤링 과정에 부하가 걸려 작업도중에 다운되거나 작업이 중지되는 상황이 발생하지 않도록 하기 위한 필요 옵션이다.

```
doScrollDown()
```

프로그램 3.7 모든 문서 스크롤링 하기

이제 [프로그램 3.7]과 같이 doScrollDown()을 실행하면 해당 문서들을 하나씩 크롤링 해오는 과정을 [그림 3.11]과 같이 직접 눈으로 확인할 수 있다. 만일 크롤링 해 오는 기간이 길고 해당 문서가 많을 경우 크롤링하는 시간은 몇 시간씩 걸릴 수 있다는 것을 인지하고 있어야 한다. 만일 모든 문서를 다 수집하지 않고 일정 시간 동안만 크롤링을 하고 싶다면 다음과 같이 지정할 수 있다.

doScrollDown(120)

이 경우는 총 120초 동안만 크롤링을 진행 하라는 의미이다.

처음 크롤링에 도전하는 유저들은 처음부터 크롤링 기간을 길게 잡지 말고 본 예제에서처럼 한달 정도로 짧게 지정하여 실행해 볼 것을 권장한다. 불가피하게 처음엔 프로그램상에 여러 오류들이 발생 할 수 있는데, 기간을 너무 길게 설정하면 크롤링 돌아가는 시간을 너무 많이 잡아먹기 때문에 에러를 찾는 과정까지의 시간이 많이 걸리므로 짧은 기간 동안 수행해보고 프로그램상에 오류가 발생하지 않으면 그 때 희망하는 기간으로 늘려서 진행해 보는 것이다.

그림 3.11 노인 부양 키워드 기반 동적 웹 크롤링 과정

❺ 문서제목과 URL주소 리스트 가져오기

모든 페이지의 크롤링이 완료되면 이제 해당 페이지별로 필요로 하는 정보를 리스트 형식으로 가져온다.

```
# 제목과 URL을 저장할 리스트 초기화
title_list = []  # 제목을 저장할 리스트 초기화
url_list = []  # URL을 저장할 리스트 초기화

titles = driver.find_elements(By.CLASS_NAME, 'title_link')
```

```
    # 현재 페이지에서 class가 'title_link'인 페이지 저장
for i, title_element in enumerate(titles):
    try:
        title_list.append(title_element.text)
    # titles 리스트에서 제목을 추출해 title_list에 추가
        url_list.append(title_element.get_attribute('href'))
    # titles 리스트에서 URL을 추출해 url_list에 추가

    except:
        print("오류 발생")
        continue  # 오류가 발생해도 다음 항목으로 계속 진행

    if (i+1) % 10 == 0:
        print(i+1) # 진행 상황 출력
```

프로그램 3.8 문서제목, url주소 리스트 가져오기

[프로그램 3.8]을 자세히 파악해 보기로 한다. 먼저 크롤링한 페이지별로 받고자 하는 내용을 생각해보자. 여기서는 키워드 '노인부양'에 대해 크롤링 해 온 각 문서별로 문서의 "제목"과 해당하는 "url주소"를 가져오고자 한다.

[프로그램 3.8]의 프로그램에서 titles = driver.find_elements 이하의 구문을 설명하기 위해서는 네이버의 개발환경을 확인해야 한다.

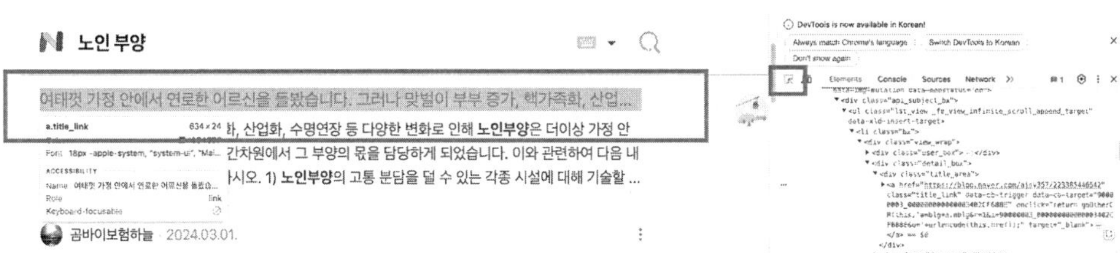

그림 3.12 문서의 타이틀에 해당하는 개발환경

노인 부양에 대한 크롤링이 모두 완료된 상태에서 키보드 자판의 F12 키를 누르면 [그림 3.12]와 같이 화면 오른쪽에 개발환경창이 뜨게 된다. [그림 3.11]의 개발환경 창에서 왼쪽 상단의 화살표로 표기된 박스를 클릭한 후 블로그 첫 번째 문서의 제목에 마우스를 갖다 대어보자. 그러면 문서제목이 선택되면서 문서 제목에 해

당하는 오른쪽 개발환경이 회색으로 음영 되어짐을 알 수 있다. [그림 3.12]의 좌측처럼 블로그 제목 하단에 a.title_link라고 푸른색으로 나타나는 것이 블로그 제목에 해당하는 일종의 변수명이라 생각하면 된다. 따라서 [프로그램 3.8]의 driver.find _elements 다음에 클래스 네임을 title_link로 정의하는 것이다.

titles = driver.find_elements(By.CLASS_NAME, 'title_link')

그리고 오른쪽 음영부문을 보면 a href=" "와 같이 해당 url주소가 나오게 되는데 이를

url_list.append(title_element.get_attribute('href'))

로 정의하면 해당 블로그 타이틀에 해당하는 url주소를 가져와 url_list에 축적시키게 된다.

❻ 본문, 이미지 수, 영상수, 좋아요 수 댓글 등 기져오기.

블로그의 제목(title_list)와 해당하는 url(url_list)를 모두 가져왔다면 다음으로 문서본문, 좋아요 수, 댓글 수, 이미지 수, 영상 수, 댓글 등을 가져오는 과정을 살펴보자.

```
#1] 본문, 좋아요 수, 댓글 수, 댓글, 이미지 수, 영상 수를 저장할 리스트 초기화
new_doc = [] # 본문을 저장할 리스트 초기화
like_cnt = [] # 좋아요 수를 저장할 리스트 초기화
comment_cnt = [] # 댓글 수를 저장할 리스트 초기화
comment_list = [] # 댓글을 저장할 리스트 초기화
img_cnt = [] # 이미지 수를 저장할 리스트 초기화
div_cnt = [] # 영상 수를 저장할 리스트 초기화

#2] 블로그 본문 크롤링 과정
for i in range(len(url_list)):
    url_path = url_list[i] # url 불러오기
    driver.switch_to.window(driver.window_handles[0])
  # 첫 번째 탭으로 이동
    driver.execute_script("window.open('{}')".format(url_path)) # url 실행
```

```
    driver.switch_to.window(driver.window_handles[1])
  # 두 번째 탭으로 이동

    time.sleep(1) # 1초 대기
    try:
        iframes = driver.find_elements(By.TAG_NAME, 'iframe')
        d = '' # 댓글을 저장할 변수 초기화
  # 댓글영역의 HTML코드 가져오기
        if len(iframes) > 0:   # iframe의 존재 확인
            driver.switch_to.frame(0)
  # 첫번째 iframe으로 전환하여 해당 iframe의 내용을 가져옴
            html = driver.page_source
  #  현재 페이지의 HTML 코드를 가져와서 html 변수에 저장
            soup = BS(html, 'html.parser')
  # html변수에 저장된 HTML코드를 파싱하여 soup을 생성
  # (댓글영역에 대한 HTML코드 포함)

#3] 블로그 본문 추출 (se-main-container 클래스를 찾아 본문 텍스트 가져옴)
try:
                a = soup.find('div', class_= 'se-main-container').get_text()
            except:
  # 블로그 본문을 찾지 못한 경우
  # 일반 블로그의 경우 id가 postListBody 인 요소를 본문으로 가져옴
                a = soup.find('div', id='postListBody')
                a = re.sub("[^ㄱ-ㅎㅏ-ㅣ가-힣]", "", str(a))
                 # 정규표현식을 이용하여 한글만 남김
            try:
#4] 좋아요 수 추출
     #  (u_cnt _count 클래스를 찾아서 좋아요 수 텍스트를 가져옴)
                b = soup.find('em', class_='u_cnt _count').get_text()
            except:
                # 좋아요 수를 찾지 못한 경우
                b = 'null'
            try:
#5] 댓글 수 추출
                c = soup.find('em', id="commentCount").get_text()
            except:
     # 댓글 수를 찾지 못한 경우
                c = 'null'
```

```
        try:
#6] 댓글 추출
    # 댓글을 모두 보기 위해 댓글 버튼 클릭
            comment=driver.find_elements(By.CLASS_NAME, 'btn_arr')
            comment[len(comment) - 1].click()
    # 마지막 댓글버튼 클릭
            time.sleep(1)
commentLen=len(driver.find_elements(By.CLASS_NAME, 'u_cbox_page'))
            d = ''
    # 각 댓글 페이지의 댓글 추출
            for _ in range(0, commentLen) :
commentList=driver.find_elements(By.CLASS_NAME, 'u_cbox_text_wrap')
                for j in range(len(commentList)):
                    commentList[j] = commentList[j].text
            soup = BS(html, 'html.parser')
    # 추출한 댓글들을 줄바꿈 문자로 구분하여 하나의 문자열로 저장
            d = "\n".join(commentList)
        except:
    # 댓글을 찾지 못한 경우
            d = 'null'
#7] 이미지와 영상 수 추출
    #(se-image-resource egjs-visible 클래스를 찾아서 이미지 수를 가져옴)
    e    =    len(soup.find_all('img',    class_='se-image-resource
egjs-visible'))
    # 영상 수 추출 (pzp-ui-dimmed pzp-dimmed pzp-pc__dimmed
    #  클래스를 찾아서 영상 수를 가져옴)
f=len(soup.find_all('div',    class_='pzp-ui-dimmed    pzp-dimmed
pzp-pc__dimmed'))

#8] 추출한 데이터를 각각의 리스트에 추가
        new_doc.append(a)
        like_cnt.append(b)
        comment_cnt.append(c)
        comment_list.append(d)
        img_cnt.append(e)
        div_cnt.append(f)
        driver.switch_to.default_content()
    # iframe에서 기본 컨텐츠로 전환
```

```
        else:
            new_doc.append(' ') # 본문이 없을 경우 빈 문자열 추가
            like_cnt.append(' ') # 좋아요 수가 없을 경우 빈 문자열 추가
            comment_cnt.append(' ') # 댓글수가 없을 경우 빈 문자열 추가
            comment_list.append(' ') # 댓글이 없을 경우 빈 문자열 추가
            img_cnt.append(' ') # 이미지 수가 없을 경우 빈 문자열 추가
            div_cnt.append(' ') # 영상 수가 없을 경우 빈 문자열 추가

    except:
        new_doc.append(' ') # 예외 발생 시 빈 문자열 추가
        like_cnt.append(' ') # 예외 발생 시 빈 문자열 추가
        comment_cnt.append(' ') # 예외 발생 시 빈 문자열 추가
        comment_list.append(' ') # 예외 발생 시 빈 문자열 추가
        img_cnt.append(' ') # 예외 발생 시 빈 문자열 추가
        div_cnt.append(' ') # 예외 발생 시 빈 문자열 추가

    driver.close()
    time.sleep(0.3) # 0.3초 대기
    # 매 10번째마다 진행 상황 출력
    if (i+1) % 10 == 0:
        print(f"진행 상황: {i+1}/{len(url_list)}")
```

프로그램 3.9 웹 크롤링 본문, 좋아요수, 댓글, 댓글 수 등 가져오기

[프로그램 3.9]는 각 라인별로 필요한 각주(#)들을 달아놓았다. 주요 각주에 해당하는 번호들에 대해 설명하기로 한다.

#1] 본문, 좋아요 수, 댓글 수, 댓글, 이미지 수, 영상 수를 저장할 리스트 초기화"

여기서는 불러올 블로그의 본문, 좋아요 수, 댓글 수, 댓글, 이미지 수, 영상 수를 저장할 리스트를 초기화한 것이다.

#2] 블로그 본문 크롤링 과정

여기서는 블로그 문서를 가져오기 전에 네이버 블로그 글을 새탭에 차곡 차곡 쌓는 과정을 정의한다. 여러 개의 URL을 차례로 열어 크롤링하기 위한 것으로 탭 0을 하나 열고 해당하는 url의 크롤링을 실행 한 후 다시 탭 1번으로 전환

하는 과정이다. 이러한 과정을 반복하면서 크롤링하는 페이지를 탭에 계속 쌓아가는 것이다. 이는 기존 탭을 유지하면서도 새로운 탭에서 여러 개의 페이지를 크롤링할 수 있다. 프로그램중

```
iframes = driver.find_elements(By.TAG_NAME, 'iframe')
```

을 이해하기 위해서는 네이버 블로그의 구성 구조를 이해해야 한다. iframe을 설명하기 위해 다음의 [그림 3.13]을 예로 들어보겠다.

그림 3.13 frame 구조의 블로그 형식 예시

네이버의 경우 [그림 3.13]처럼 블로그나 카페의 글이 전체 페이지 안에 또 다른 페이지가 있는 형태로 구성 되어있다. 셀레니움에서는 페이지 내에 별도로 구성된 페이지 내용을 크롤링 해오기 위해서 iframe 함수를 사용해야 한다. iframe에 접근하지 않고 페이지를 파싱하면 데이터 내용을 제대로 불러올 수 가 없다. 따라서 먼저 다음과 같이 태그명이 iframe 인 것을 찾는다.

```
iframe=driver.find.elements(By.TAG_NAME,'iframe')
```

다음은 iframe이 있는 경우를 의미한다.

```
if len(iframes)〉 0
```

즉 iframe이 있는 경우 첫 번째 iframe으로 전환하여 해당 iframe의 내용을 가져오고, 현재 페이지의 html 코드도 가져와서 html변수에 저장하며 html변수에 저장된 HTML코드를 파싱하여 soup을 생성 한다.

```
driver.switch_to.frame(0)
html = driver.page_source
soup = BS(html, 'html.parser')
```

#3] 블로그 본문 추출

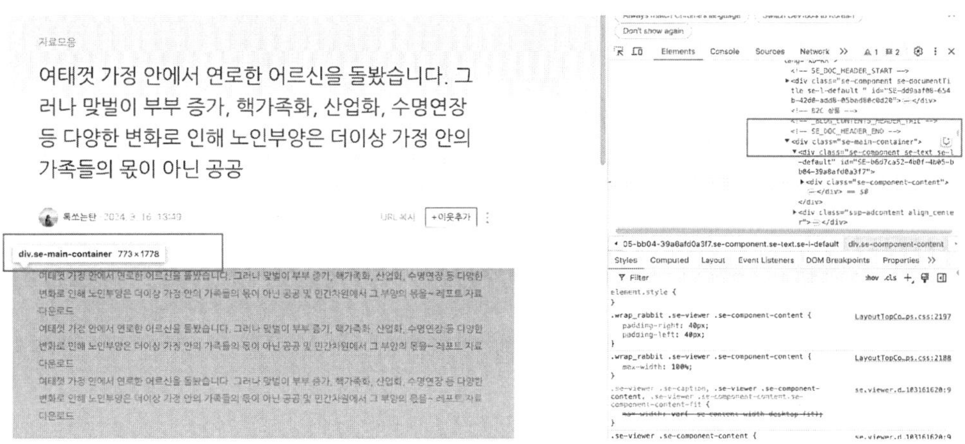

그림 3.14 블로그 본문의 클래스 명 찾기

본문에 해당하는 클래스를 파악하기 위해서는 [그림 3.14]와 같이 본문에 해당하는 클래스명을 파악해야 한다. 블로그 글의 전체본문을 선택하면 개발환경에서 해당하는 영역이 회색으로 음영되어 나타나며 그에 해당하는 클래스명이 붉은 색 표기처럼 "se-main-container" 라는 것을 확인 할 수 있다. 따라서 다음과 같이 클래스명이 "se-main-container"에 해당하는 문서를 a(본문)으로 가져오라는 것이다.

```
a = soup.find('div', class_= 'se-main-container').get_text()
```

except: 이하는 iframe이 존재하지 않는 경우, 블로그의 본문을 가져와 정규 표현식을 사용하여 한글 이외의 텍스트들을 제거시키는 과정을 수행하는 것이다.

#4] 좋아요 수 추출

앞의 본문과 동일하게 해당 문서의 맨 하단에 있는 공감으로 가서 공감 옆 숫자에 마우스를 가져가면 해당하는 클래스명이 “u_cnt_count”라는 것을 확인 할 수 있다. 따라서 클래스명이 “u_cnt_ count”인 것을 찾아 b(좋아요 수)로 저장하라는 것이다. [그림 3.15]를 참고하면 된다.

```
b = soup.find('em', class_='u_cnt _count').get_text()
```

그림 3.15 블로그 글의 좋아요 수 클래스 명 찾기

#5] 댓글 수 추출

댓글 수를 추출하는 과정도 동일한 방식으로 개발환경에 들어가서 [그림 3.16]과 같이 해당 클래스 명을 찾으면 id="commentCount" 로 정의되어 있다. 따라서 id="commentCount"에 해당하는 내용을 c(댓글 수)로 저장한다.

```
c= soup.find('em', id="commentCount").get_te
```

#6] 댓글 추출

이제 댓글을 가져와야 하는데 블로그 문서에 따라 댓글이 없을 수도 있지만 여러개의 댓글이 달려있는 경우 해당 댓글들이 또다른 문서형태로 이루어져 있기 때문에 하나 하나 해당 문서를 지정하고 문서별로 댓글을 가져와야 한다.

[그림 3.17]의 상단 이미지는 댓글을 모두 보기 위해 댓글 버튼을 클릭하는 과정이다. 댓글버튼에 해당하는 클래스는 "btn_arr"이며 댓글의 모드 수를 다 읽어오라는 것이다.

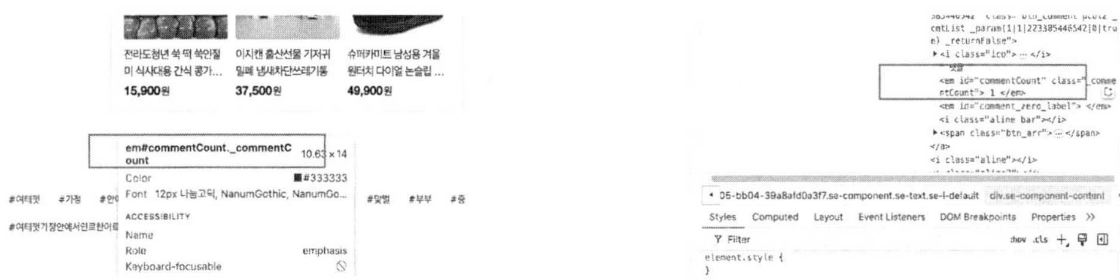

그림 3.16 블로그 댓글 수의 id 명 찾기

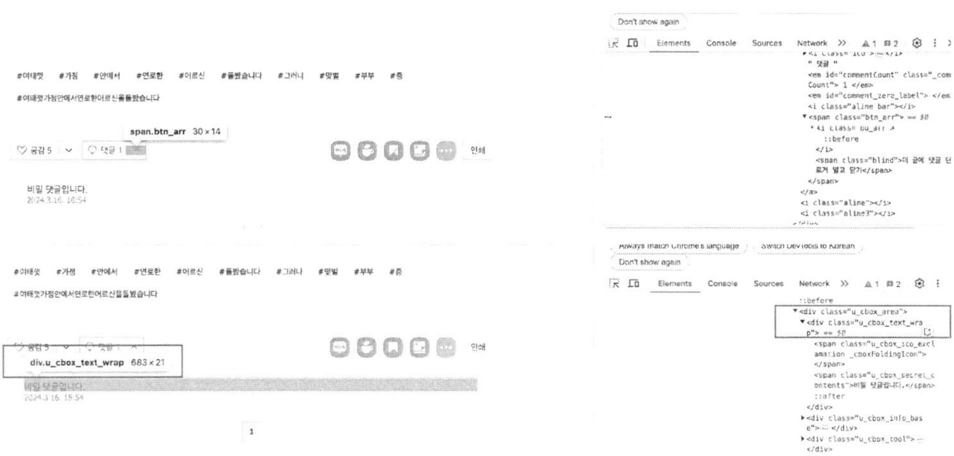

그림 3.17 블로그 댓글의 클래스 변수 확인하기

```
comment=driver.find_elements(By.CLASS_NAME, 'btn_arr')
            comment[len(comment) - 1].click()
              time.sleep(1)
commentLen=len(driver.find_elements(By.CLASS_NAME, 'u_cbox_page'))
              d = ''
```

[그림 3.17]의 하단을 보면 읽어온 모든 댓글 수에 따라 각 각의 댓글에 해당하는 클래스 변수명이 “u_cbox_text_wrap”이라는 것을 알 수 있다. 따라서 모든 댓글문서에 대해 클래스명이 “u_cbox_text_wrap”인 내용을 commentList로 만들고 개별 commentList의 댓글들을 줄바꿈 문자로 구분하여 문자열 d(댓글)로 저장하도록 하였다.

```
for _ in range(0, commentLen) :
commentList=driver.find_elements(By.CLASS_NAME, 'u_cbox_text_wrap')
for j in range(len(commentList)):
commentList[j] = commentList[j].text
soup = BS(html, 'html.parser')
d = "₩n".join(commentList)
```

다음으로 블로그 내에 속해있는 이미지 또는 영상의 수를 데이터화 하는 과정을 알아보자. 블로그 글에서 이미지나 영상을 왜 데이터로 가져와야 할까? 물론 블로그의 글인 텍스트만을 가져올 수도 있지만, 앞 장에서 언급한 바와 같이 블로그를 작성할 때 이미지나 영상 등을 추가하는 것이 단순히 글로만 작성했을때와 다르게 독자로 하여금 블로그 글에 대한 좋아요(공감)나 댓글을 작성하는데 어떠한 영향을 줄 수 있다는 가정이 있을 수 있다. 이 부분을 분석해 보기 위해서는 블로그 글마다 이미지나 영상이 몇 개 포함되었는지를 데이터화 할 필요가 있는 것이다.

블로그 본문내 이미지가 있고 없고는 [그림 3.18]과 같이 블로그들의 요약문서를 보면 쉽게 확인할 수 있다.

그림 3.18 블로그 내 이미지 포함 여부 확인

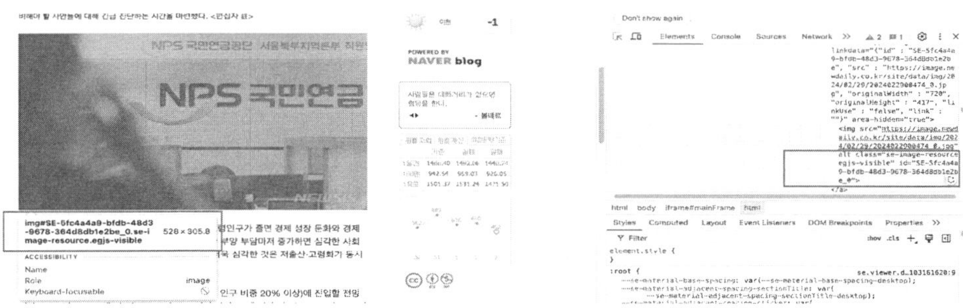

그림 3.19 이미지에 대한 클래스 명 확인하기

노인 부양에 대한 블로그 글에서 이미지가 들어가 있는 본문 내용에 들어가 이미지에 해당하는 클래스명을 확인해 보도록 하자. [그림 3.19]를 보면 이미지에 해당하는 클래스명이 “se-image-resource.egjs-visible”임을 알 수 있다 따라서 클래스명이 “se-image-resource.egjs-visible”인 이미지를 찾아 이미지 수를 추출하고 동일하게 영상이 들어간 문서의 경우 영상에 해당하는 클래스명은 'pzp-ui-dimmed pzp-dimmed pzp-pc__dimmed'으로 영상의 클래스명을 지정하면 각 각 이미지수와 영상 수에 대해 카운터 한 값을 e(이미지 수), f(영상 수)로 가져오게 된다.

```
e = len(soup.find_all('img', class_='se-image-resource egjs-visible'))
f=len(soup.find_all('div', class_='pzp-ui-dimmed pzp-dimmed pzp-pc__dimmed'))
```

#8] 추출한 데이터를 각각의 리스트에 추가

크롤링 단계의 마지막으로 문서의 본문, 좋아요 수, 댓글 수, 댓글, 이미지 수, 영상 수 등을 누적하여 각 각 리스트로 저장한다.

```
new_doc.append(a)
like_cnt.append(b)
comment_cnt.append(c)
comment_list.append(d)
img_cnt.append(e)
div_cnt.append(f)
driver.switch_to.default_content()
```

여기서 driver.switch_to.default_content()은 모든 작업이 끝나면 기본 페이지로 돌아가라는 의미이다. 수행하지 않아도 오류는 없지만 마무리를 정리해야 다음 작업을 수행시 불필요한 작업 등의 방지를 위해 과정관리를 해 두는 것이 좋겠다. 이상의 과정을 거쳐 본문내용, 이미지 수, 영상 수, 좋아요 수 댓글, 댓글 수 가져오기 과정을 마무리한다.

❼ 크롤링한 데이터를 데이터 프레임으로 변환하기

리스트 형태로 저장한 각각의 데이터를 다 모아 데이터프레임의 형태로 저장하여야 데이터 분석이 수월해진다. 다음은 수집한 각 정보들을 데이터 프레임으로 만드는 과정이다.

```
# 크롤링한 데이터를 데이터프레임으로 변환
raw_data = pd.DataFrame()
raw_data['title'] = title_list
raw_data['doc'] = new_doc
raw_data['like'] = like_cnt
raw_data['comment_cnt'] = comment_cnt
raw_data['comment_list'] = comment_list
raw_data['img'] = img_cnt
raw_data['div'] = div_cnt
```

```
raw_data['ch'] = 'naver'
raw_data['ch2'] = 'blog'
# 데이터프레임을 pickle파일로 저장
#file_path = 'C:\\Users\\shs\\'
file_path='\\Users\\shs\\contents\\예제 프로그램\\'
f = open(file_path + "naver_blog202403.pkl", "wb")
pickle.dump(raw_data,f)

f.close()

# 크롬 드라이버 종료
driver.quit()
```

프로그램 3.10 검색할 키워드와 검색기간에 해당하는 url주소

[프로그램 3.10]은 pandas를 이용하여 pd.DataFrame을 만들어 raw_data를 생성한 후 모든 수집해 온 정보들을 raw_data로 저장하면서 새로운 변수명을 정의하는 과정을 보여준다. title(문서 제목), doc(문서내용), like_cnt(좋아요 수) comment_cnt (댓글 수), comment_list(댓글내용), image_cnt(본문에 사용된 이미지 수), div_cnt(본문에 사용된 영상 수), 채널을 나타내는 ch(네이버), ch2 (블로그) 등 총 9개의 정보 항목을 수집하여 데이터 프레임으로 만들었다. 그리고 이렇게 만들어진 데이터 프레임을 파이썬 데이터 저장 형식인 pickle로 저장하였다. pickle로 저장된 파일은 확장자가 '.pkl'이다. 파일을 저장시 저장할 파일명 뒤에 "wb"를 지정해 주어야 한다. "wb"의 의미는 저장하는 데이터가 바이너리 형식이므로 바이너리 데이터 저장(쓰기)라는 의미를 갖는 writing binary(wb)의 의미를 가지고 있다. 반대로 바이너리 데이터를 불러올 때는 reading binary의 의미로 "rb"를 지정해 주어야 한다. 여기서는 최종 크롤링하여 수집된 데이터 프레임 파일을 naver_blog202403.pkl로 저장하였다. 그리고 크롤링이 모두 종료되었으므로 driver.quit()로 작동하던 드라이버를 종료한다.

```
# 저장된 pickle 파일을 불러옴
f = open(file_path + "naver_blog202403.pkl", "rb")
temp_file = pickle.load(f)
f.close()

temp_file
```

프로그램 3.11 저장된 pkl파일 불러오기

❽ 저장된 pickle 파일 불러오기

파일이 제대로 저장되었는지는 ❼에서 저장한 해당 경로에 naver_blog202403.pkl 파일이 있는지 확인하면 된다. 이제 저장된 데이터가 어떤 형태로 들어가 있는지를 눈으로 확인해 볼 필요가 있다. [프로그램 3.11]을 통해 pkl파일을 불러오자. 그런데 확장자가 pkl인 피클 파일은 excel 등의 창에서 열어볼 수 없고 파이썬 실행 프로그램 안에서만 열어볼 수 있다는 한계가 있다. 따라서 보통은 pkl 파일보다 csv나 txt 또는 xlsx 형식으로 저장해 두는 것도 좋다. 본 장에서는 피클 형식의 저장을 소개하기 위해 pkl로 저장했다는 점을 알아두자.

저장된 데이터프레임 naver_blog202403.pkl의 내용은 [결과 3.1]과 같다. title, doc, ,,, ch, ch2까지 모두 9개의 변수가 제대로 들어와 있음을 확인 할 수 있다. 그리고 중간을 생략하고 마지막 행을 보면 수집된 데이터의 크기는 총 90rows*9columns이다. 따라서 해당기간(2024년 3월 1일~ 3월 25일)에 "노인부양"과 관련된 블로그 문서는 총 90개이며 이 90개 문서를 크롤링 해 온 것이다.

	title	doc	like	comment_cnt	comment_list	img	div	ch	ch2
0	그러나 맞벌이 부부 증가, 핵가족화, 산업화, 수명연장 등 다양한 변화로 인해 노인...	\n\n\n\n\n여태껏 가정 안에서 연로한 어르신을 돌봤습니다. 그러나 맞벌이 부...	4	\n\t\t\t\t\t\t\t\t\t\t\t1\n\t\t\t\t\t\t\t\t\t\t\t	비밀 댓글입니다.	0	0	naver	blog
1	[심층진단-저출산 해법없나 ③] 미래세대 노인부양에 국가존립 위협 ... 총선 후 명...	\n\n\n\n\n\n\n0.6명대 출산율·내년 초고령사회 진입 ... 韓 저출산·고령...	null	\n\t\t\t\t\t\t\t\t\t\t\t1\n\t\t\t\t\t\t\t\t\t\t\t	그런데도 퍼주지 못해 안달하는 당도 있으니 나중에는 죽거나 살거나 내가 알것없고 우...	2	0	naver	blog
2	치매가족의 부양부담과 부양부담 경감을 위한 지원방안에 대해 토론하시오 (노인복지학)...	\n\n\n\n\n치매가족의 부양부담과 부양부담 경감을 위한 지원방안에 대해 토론하...	0	\n\t\t\t\t\t\t\t\t\t\t\t1\n\t\t\t\t\t\t\t\t\t\t\t	음악은 인간이 알고있는\n가장 최대의 선이며,\n우리가 땅 위에서 누릴 수 있는\n...	0	0	naver	blog
3	요양보호사 문제풀이(가족관계 변화와 노인부양)	\n\n\n\n\n\n\n\n\n\n\n\n\n\n\n요양보호사 문제풀이 (요점...	2	\n		10	0	naver	blog
4	뒷모습 (노인부양)	\n\n\n\n\n\n\n\n\n\n\n\n\n\n\n\n* 뒷모습 저 쪼그만대...		\n		1	0	naver	blog
...	...	...	...	...	...	...	...	...	...
85	청년 전용 버팀목 전세자금대출 대상 신청 자격 금리 서류 순서	\n\n\n\n\n청년전용전세자금대출청년버팀목전세자금대출 자격\n\n\n\n \n\...	141	\n\t\t\t\t\t\t\t\t\t\t\t7\n\t\t\t\t\t\t\t\t\t\t\t	오늘 하루도 수고 많으셨어요~이웃님^^편안한 밤 보내세요~\n잘 봤습니다^^ 봄이 ...	6	0	naver	blog
86	19. 중도금 대출 실행 준비 서류	\n\n\n\n\n작년 여름, 구축 아파트를 매수하려던 중 때마침 보던 지역에서 ...	4	\n\t\t\t\t\t\t\t\t\t\t\t1\n\t\t\t\t\t\t\t\t\t\t\t	대출에 관해서 알아보는 분들이 많아진 거같아요.\n요즘들어서 점점 더욱더 많이들 찾아...	4	0	naver	blog
87	어르신을 모십니다	\n\n\n\n\n행신치매전담형주야간보호센터입니다.☎ 031-974-9001꽃을 시...	1	\n\t\t\t\t\t\t\t\t\t\t\t1\n\t\t\t\t\t\t\t\t\t\t\t	공감 꾹 눌렀습니다\n4월 좋은 소식과 좋은 글 자주 부탁드립니다 ^^	3	0	naver	blog
88	창원 주간보호센터 장점 대산노인재가에서 알려드려요	\n\n\n\n\n\n\n\n\n\n\n\n\n\n\n안녕하세요대산노인재가센터입...	0	\n		11	0	naver	blog
89	폐지 수거 노인들의 어려운 삶과 지원책	\n\n\n\n\n\n\n\n\n\n\n \n\n\n\n요즘 경기가 얼어붙으면서 폐...	8	\n		10	0	naver	blog

90 rows × 9 columns

결과 3.1 네이버 블로그로부터 크롤링하여 저장한 pkl 데이터

끝으로 pkl파일 외에 엑셀 등에서 쉽게 데이터 파일을 열어 볼 수 있도록 csv파일로도 변환에서 저장 해 두도록 하자. 이를 위해서는 [프로그램 3.11]의 temp_file을 csv로 변환해 주면 된다. [프로그램 3.12]를 통해 csv파일로 변환하여 저장하기 바란다.

```
temp_file.to_csv("naver_blog202403.csv", index = False,
 encoding="utf-8-sig")
```

프로그램 3.12 pkl파일을 csv파일로 변환하여 저장하기

이상으로 포털사이트 네이버 블로그에서 "노인 부양"이라는 키워드를 가지고 기간을 선정하여 블로그 내용과 관련된 정보를 모두 데이터로 수집히는 동적 크롤링을 알아보았다. 네이버 블로그 외에도 네이버 카페, 웹문서, 기사글 또는 다음채널에 대해서도 동일한 형태로 데이터 크롤링을 할 수 있다.

3장을 마무리하기 전에 지금까지 진행했던 "노인 부양"키워드에 대해 3.4절에서는 네이버 카페와 다음 카페에서 크롤링하는 과정의 프로그램과 추가적으로 설명이 필요한 부분들을 반영하였다. 특히 다음 카페의 문서를 크롤링하는 과정에서는 네이버에서의 수집 과정과는 달리 "절대경로"를 이용하여 문서의 제목과 url을 수집하였다. "절대경로"를 이용하면 보다 쉽게 크롤링할 수 있다는 장점이 있어 독자들에게 소개하고자 이 부분을 반영한 것이다. 다만 네이버의 경우 절대경로가 자주 바뀌는 경향이 있어 3.3절에서는 사용하지 않았지만 3.4절의 다음 카페글을 크롤링하는 과정에서는 절대경로를 일부 사용하였다. 독자들은 이 부분에 특히 관심을 가지고 따라오기 바란다. 3.3절에서 학습한 방법으로 3.4절에 제시된 프로그램을 참고하면서 네이버와 블로그 카페에서 데이터를 크롤링 해보기 바란다. 데이터 크롤링시 염려스러운 것은 네이버 블로그나 카페등은 해당 블로그의 주소나 관리자 환경 등이 종종 변경되는 경우가 많다. 개발자의 업무가 변경되면서 새로운 담당자가 수정을 했을 수도 있고 또 네이버의 정책이나 웹 페이지 운영정책에 따라 수시로 변경될 수 있는 부분이기 때문에 혹시나 이 책이 출간된 이후에 어떠한 변경 등이 있었다면 본서에서의 해당 클래스 네임 등이 다를 가능성도 배제할 수는 없다. 저자도 웹 크롤링을 하면서 수시로 겪는 경험이다. 하지만 관리자 환경이 변경되었다 하더라도 크롤링하는 과정은 동일하므로 당황하지 말고 바뀐 클래스 명 등을 잘 적용하면 된다.

3.4 네이버 카페와 다음 카페 크롤링

[네이버 카페 크롤링 과정]

1] 라이브러리 불러오기

```
# 라이브러리 불러오기
from selenium import webdriver # 브라우저 자동화를 위한 모듈
import requests # HTTP 요청을 보내기 위한 모듈
from bs4 import BeautifulSoup as BS # HTML 내용 파싱을 위한 모듈
import pandas as pd # 데이터 조작 및 분석을 모듈
import time # 코드 실행 속도 조절을 위한 모듈
import re # 정규 표현식 사용을 위한 모듈
import pickle # 파이썬 객체 직렬화를 위한 모듈
from selenium.webdriver.common.by import By # 다양한 방법으로 엘리먼트를 찾기 위한 모듈
import datetime # 날짜와 시간 연산을 위한 모듈
```

프로그램 3.13 라이브러리 불러오기

2] 크롬드라이브 경로 지정하기

```
# 크롬 드라이버 실행
driver = webdriver.Chrome()
```

프로그램 3.14 크롬 드라이버 실행

3] 검색어 및 기간을 직접 클릭하여 url 지정하기

```
# 네이버 카페 검색 페이지로 이동
driver.get('https://search.naver.com/search.naver?ssc=tab.cafe.all&cafe_where=&query=%EB%85%B8%EC%9D%B8%20%EB%B6%80
```

프로그램 3.15 크롤링 해당 검색어와 기간 url 지정

여기서 url주소는 3.3절에서 ❸ 검색할 키워드 지정 및 데이터 수집기간 설정하기를 참고하면 된다.

4] 검색어 및 기간을 직접 클릭하여 url 지정하기

```
# 페이지 스크롤 다운
doScrollDown(2)
```

프로그램 3.16 네이버 페이지 스크롤 다운

5] 문서제목과 url주소 리스트 가져오기

```
# 제목과 URL을 저장할 리스트 초기화
title_list = []  # 제목을 저장할 리스트 초기화
url_list = []  # URL을 저장할 리스트 초기화

titles = driver.find_elements(By.CLASS_NAME, 'title_link') # 현재 페이지에서 class가 'title_link'인 페이지 저장
for i, title_element in enumerate(titles):
    try:
        title_list.append(title_element.text)  # titles 리스트에서 제목을 추출해 title_list에 추가
        url_list.append(title_element.get_attribute('href'))  # titles 리스트에서 URL을 추출해 url_list에 추가

    except:
        print("오류 발생")
        continue  # 오류가 발생해도 다음 항목으로 계속 진행

    if (i+1) % 10 == 0:
        print(i+1) # 진행 상황 출력
```

프로그램 3.17 네이버 페이지 스크롤 다운

6] 본문, 좋아요 수, 이미지 구, 영상 수, 댓글 등의 리스트 가져오기

```
# 본문, 좋아요 수, 댓글 수, 댓글, 이미지 수, 영상 수를 저장할 리스트를 초기화
new_doc = [] # 본문을 저장할 리스트 초기화
like_cnt = [] # 좋아요 수를 저장할 리스트 초기화
comment_cnt = [] # 댓글 수를 저장할 리스트 초기화
comment_list = [] # 댓글을 저장할 리스트 초기화
img_cnt = [] # 이미지 수를 저장할 리스트 초기화
div_cnt = [] # 영상 수를 저장할 리스트 초기화

# 카페 글 크롤링
for i in range(len(url_list)):
    url_path = url_list[i] # URL 불러오기
    driver.switch_to.window(driver.window_handles[0]) # 첫 번째 탭으로 이동
    driver.execute_script("window.open('{}')".format(url_path)) # URL 실행
    driver.switch_to.window(driver.window_handles[1]) # 두 번째 탭으로 이동

    time.sleep(2) # 2초 대기

    iframes = driver.find_elements(By.TAG_NAME, 'iframe') #iframe 전환

    if len(iframes) > 0:
        try:
            # iframe 전환하여 본문과 정보 추출
            driver.switch_to.frame('cafe_main')
            html = driver.page_source # 현재 페이지의 HTML 코드를 가져와서 html 변수에 저장
            soup = BS(html, 'html.parser') # 댓글 영역의 HTML 내용을 분석

            try:
                # 본문 추출 (article_viewer 클래스를 찾아서 본문 텍스트를 가져옴)
                a = soup.find('div', class_='article_viewer').get_text()

            except:
                # 본문을 찾지 못한 경우
                a = 'null'

            try:
                # 좋아요 수 추출 (u_cnt _count 클래스를 찾아서 좋아요 수 텍스트를 가져옴)
                b = soup.find('em', class_='u_cnt _count').get_text()

            except:
                # 좋아요 수를 찾지 못한 경우
                b = 'null'
```

프로그램 3.18 본문, 좋아요 수, 이미지 구, 영상 수, 댓글 등 수집

7] 수집한 자료의 데이터 프레임으로 변환 및 저장

```
                try:
                    # 댓글 수 추출 (strong num 클래스를 찾아서 댓글 수 텍스트를 가져옴)
                    c = soup.find('strong', class_='num').get_text()

                except:
                    # 댓글 수를 찾지 못한 경우
                    c = 'null'

                try:
                    # 댓글 추출 (span text_comment 클래스를 찾아서 댓글을 가져옴)
                    d = ''
                    commentList = soup.find_all('span', class_='text_comment')
                    for t in commentList:
                        d += t.get_text() + "\n"
                    d += "\n"
                except:
                    # 댓글을 찾지 못한 경우
                    d = 'null'

                # 이미지 수 추출 (se-image-resource 클래스를 찾아서 이미지 수를 가져옴)
                e = len(soup.find_all('img', class_='se-image-resource'))

                # 영상 수 추출 (pzp-ui-dimmed pzp-dimmed pzp-pc__dimmed 클래스를 찾아서 영상 수를 가져옴)
                f = len(soup.find_all('div', class_='pzp-ui-dimmed pzp-dimmed pzp-pc__dimmed'))

                # 추출한 데이터를 각각의 리스트에 추가
                new_doc.append(a)
                like_cnt.append(b)
                comment_cnt.append(c)
                comment_list.append(d)
                img_cnt.append(e)
                div_cnt.append(f)
                driver.switch_to.default_content() # iframe에서 기본 컨텐츠로 전환

            except:
                new_doc.append('') # 본문이 없을 경우 빈 문자열 추가
                like_cnt.append('') # 좋아요 수가 없을 경우 빈 문자열 추가
                comment_cnt.append('') # 댓글 수가 없을 경우 빈 문자열 추가
                comment_list.append('') # 댓글이 없을 경우 빈 문자열 추가
                img_cnt.append('') # 이미지 수가 없을 경우 빈 문자열 추가
                div_cnt.append('') # 영상 수가 없을 경우 빈 문자열 추가

        else:
            a = 'null'

        driver.close()
        time.sleep(0.3) # 0.3초 대기

        # 매 10번째 URL마다 진행 상황 출력

        if (i+1) % 10 == 0:
            print(f"진행 상황: {i+1}/{len(url_list)}")
```

프로그램 3.18 계속 본문, 좋아요 수, 이미지 구, 영상 수, 댓글 등 수집

```
# 크롤링 데이터를 데이터프레임으로 변환
raw_data = pd.DataFrame()
raw_data['title'] = title_list
raw_data['doc'] = new_doc
raw_data['like'] = like_cnt
raw_data['comment_cnt'] = comment_cnt
raw_data['comment_list'] = comment_list
raw_data['img'] = img_cnt
raw_data['div'] = div_cnt
raw_data['ch'] = 'naver'
raw_data['ch2'] = 'cafe'
```

```
# 데이터프레임을 pickle 파일로 저장
f = open(file_path + "naver_cafe202403.pkl", "wb")
pickle.dump(raw_data,f)

f.close()
```

```
# 크롬 드라이버 종료
driver.quit()
```

프로그램 3.19 데이터프레임으로 변환 후 pkl데이터로 저장

```
# 저장된 pickle 파일을 불러옴
f = open(file_path + "naver_cafe202403.pkl", "rb")
temp_file = pickle.load(f)
f.close()

temp_file
```

프로그램 3.20 저장된 pkl 데이터 불러오기

9] csv파일로 저장하기

```
# 데이터프레임을 CSV 파일로 저장
temp_file.to_csv("naver_cafe202403.csv", index = False, encoding="utf-8-sig")
```

프로그램 3.21 csv 파일로 저장

[다음 카페 크롤링 과정]

1], 2]번과정은 동일하므로 생략

3] 검색어 및 기간을 직접 클릭하여 url 지정하기

```
# 다음 카페 검색 페이지로 이동
driver.get('https://search.daum.net/search?w=fusion&col=cafe&q=%EB%85%B8%EC%9D%B8+%EB%B6%80%EC%96%91&DA=STC&sd
```

프로그램 3.22 크롤링 해당 검색어와 기간 url 지정

4] 절대경로를 이용하여 문서제목과 url주소 리스트 가져오기

다음 카페는 스크롤 형식이 아이라 페이지당 하단에 페이지 번호가 있어 첫 화면의 모든 문서를 읽고 다음 페이지로 넘어가는 형식이다. 여기서 절대경로를 설명하고 넘어가도록 하겠다.

```
# 제목과 URL을 저장할 리스트 초기화
title_list = []
url_list = []

# 카페 글 크롤링
while(True):
    try:
        for i in range(1,11): # 페이지 수만큼 반복
            # 글의 제목과 URL 추출 # //*[@id="twcColl"]/div[2]/c-container/c-card[1]/div/c-doc-web/div/div[1]/c-title/strong/a
            title = driver.find_element(By.XPATH,'//*[@id="twcColl"]/div[2]/c-container/c-card[{}]/div/c-doc-web/div/div[1]'.format(i)).text
            url = driver.find_element(By.XPATH, '//*[@id="twcColl"]/div[2]/c-container/c-card[{}]/div/c-doc-web/div/div[1]/c-title'.format(i

            title_list.append(title) # 제목 추가
            url_list.append(url) # URL 추가

        driver.find_element(By.CLASS_NAME, 'btn_next').click() # 다음 페이지로 이동
    except:
        break
```

프로그램 3.23 절대경로를 이용한 다음 카페 문서제목과 url 수집

위 프로그렘에서 title = driver.find_element 뒤에 나오는 By.XPATH 뒤에 나오는 부분은 By.XPATH에 의해 해당 제목의 절대경로를 나타낸다. 즉 title에 해당하는 웹개발 환경에서 해당하는 절대 경로를 찾아 주는 것이다.

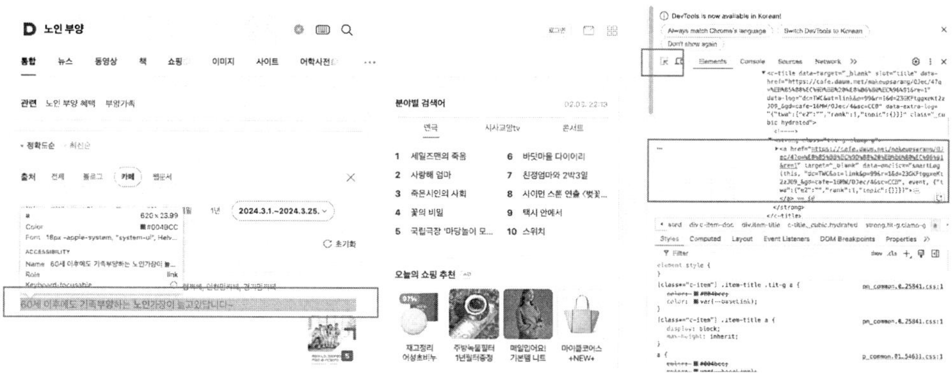

그림 3.20 다음 카페 웹크롤링의 개발환경 창

그렇다면 절대경로란 무엇인가? 절대경로를 파악하기 위해서는 다시 웹개발 도구환경을 열어야 한다. 크롤링이 모두 완료된 상태에서 키보드 자판의 F12 키를 누르면 [그림 3.16]과 같이 화면 오른쪽에 개발환경창이 뜨게 된다. [그림 3.16]의 개발환경 창에서 왼쪽 상단의 화살표로 표기된 박스를 클릭한 후 카페글 첫 번째 문서 제목에 마우스를 갖다 대어보자. 그러면 [그림 3.20]의 카페 제목이 푸른색으로 음영이 되면서 동시에 오른쪽에 있는 개발 환경창에서 제목에 해당하는 html 프로그램 영역이 회색의 음영으로 나타난다.

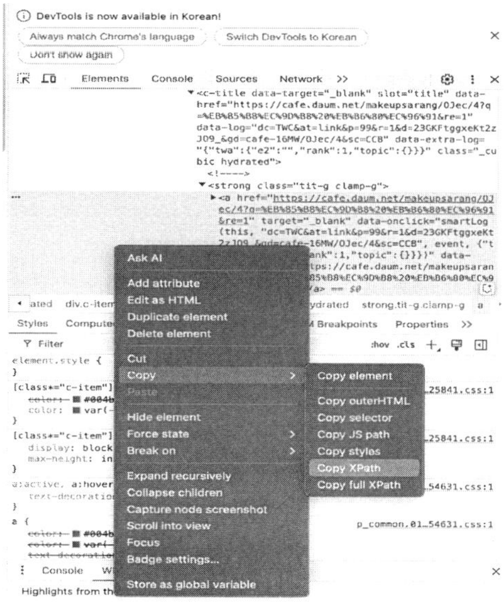

그림 3.21 카페 글 제목에 해당하는 정대경로

이때 푸른색으로 표기된 카페글 제목을 클릭한 후 개발도구의 회색 음영에 마우스를 갖다 대고 마우스 오른쪽을 누르면 [그림 3.21]과 같이 'Copy' 라는 메뉴가 나오고 'Copy'에서 다시 마우스 오른쪽을 누르면 절대경로인 'Copy XPath'가 나온다. Copy XPath'를 선택한 상태에서 [프로그램 3.23]의 title = driver.find_element (By.XPATH, ~) 에 붙여넣기만 하면 된다. 아래를 참고하라.

```
while(True):
try:
  title=driver.find_element(By.XPATH,'절대경로'.format(i)).text
 (title=driver.find_element(By.XPATH,'//*[@id="twcColl"]/div[2]/c-container
        /c-card[{}]/div/c-doc-web/div/div[1]'.format(i)).text
```

url에 대해서도 동일한 방식으로 절대경로를 찾아 해당 부문에 복사 해주면 된다.

5] 본문, 좋아요 수, 이미지 구, 영상 수, 댓글 등의 리스트 가져오기

```
# 본문, 좋아요 수, 댓글 수, 댓글, 이미지 수, 영상 수를 저장할 리스트 초기화
new_doc = []
like_cnt = []
comment_cnt = []
comment_list = []
img_cnt = []
div_cnt = []

# 카페 글 크롤링
for i in range(len(url_list)):
    url_path = url_list[i] # URL 불러오기
    driver.switch_to.window(driver.window_handles[0]) # 첫 번째 탭으로 이동
    driver.execute_script("window.open('{}')".format(url_path)) # url 실행
    driver.switch_to.window(driver.window_handles[1]) # 두 번째 탭으로 이동
    time.sleep(1) # 1초 대기

    iframes = driver.find_elements(By.TAG_NAME, 'iframe')
    if len(iframes) > 0:
        driver.switch_to.frame(0)# 첫 번째 iframe으로 전환
        html = driver.page_source  # 현재 페이지의 HTML 코드를 가져옴
        soup = BS(html, 'html.parser')  # BeautifulSoup 객체를 생성
```

프로그램 3.24 본문, 좋아요 수, 이미지 구, 영상 수, 댓글 등 수집

```
    try:
        # 카페 본문 추출
        a = soup.find('table', class_= 'protectTable').get_text().strip()

        like = soup.find('button', {'id': 'recommend-btn'}) # 좋아요 버튼 요소 검색
        b = int(like.find('span', class_='txt_num').get_text()) # 좋아요 수 추출

        comment = soup.find('button', {'id':'comment-btn'}) # 댓글 버튼 요소 검색
        c = int(comment.find('span', class_='txt_num').get_text()) # 댓글 수 추출


        commentlist = soup.find_all('span', class_='original_comment') # 댓글 요소들을 모두 검색
        d = "\n".join(item.get_text() for item in commentlist) # 추출한 댓글을 줄바꿈 문자로 구분하여 저장

        img = soup.find_all('img', class_='txc-image') # 이미지 요소들을 모두 검색
        e = len(img) # 이미지 개수 저장

        div = soup.find_all('div', class_='figure-video') # 영상 요소들을 모두 검색
        f = len(div) # 영상 개수 저장

    except:
        a = 'null'

    # 추출한 데이터를 각각의 리스트에 추가
    new_doc.append(a)
    like_cnt.append(b)
    comment_cnt.append(c)
    comment_list.append(d)
    img_cnt.append(e)
    div_cnt.append(f)
    driver.switch_to.default_content() # iframe에서 기본 컨텐츠로 전환

else:
    new_doc.append(' ') # 본문이 없을 경우 빈 문자열 추가
    like_cnt.append(' ') # 좋아요 수가 없을 경우 빈 문자열 추가
    comment_cnt.append(' ') # 댓글 수가 없을 경우 빈 문자열 추가
    comment_list.append(' ') # 댓글이 없을 경우 빈 문자열 추가
    img_cnt.append(' ') # 이미지 수가 없을 경우 빈 문자열 추가
    div_cnt.append(' ') # 영상 수가 없을 경우 빈 문자열 추가

driver.close()

time.sleep(2) # 2초 대기
print(i+1) # 진행상황 출력
```

프로그램 3.24 계속 본문, 좋아요 수, 이미지 구, 영상 수, 댓글 등 수집

5] 데이터 프레임으로 변환하기

```
# 크롤링 데이터를 데이터프레임으로 변환
raw_data = pd.DataFrame()
raw_data['title'] = title_list
raw_data['doc'] = new_doc
raw_data['like'] = like_cnt
raw_data['comment_cnt'] = comment_cnt
raw_data['comment_list'] = comment_list
raw_data['img'] = img_cnt
raw_data['div'] = div_cnt
raw_data['ch'] = 'daum'
raw_data['ch2'] = 'cafe'
```

프로그램 3.25 데이터 프레임으로 변환

6] 데이터 저장 및 불러오기

```
# 데이터프레임을 pickle 파일로 저장
f = open(file_path + "daum_cafe202403.pkl", "wb")
pickle.dump(raw_data,f)

f.close()
```

```
# 크롬 드라이버 종료
driver.quit()
```

```
# 저장된 pickle 파일을 불러옴
f = open(file_path + "daum_cafe202403.pkl", "rb")
temp_file = pickle.load(f)
f.close()

temp_file
```

프로그램 3.26 pkl 데이터파일로 저장하고 불러오기

3.5 연습문제

1. 'MZ 세대'라는 키워드에 대해 네이버 블로그와 다음 카페에서 최근 2년간의 게시글을 Selenium을 이용해 크롤링 하여 데이터를 수집하라. 단, 아래의 항목들을 모두 포함하라.

   - 문서의 제목 / 문서 본문 / 문서내 이미지 수
     문서내 양상 수 / 좋아요 수 / 댓글 수

2. 수집한 데이터를 pkl형식으로 저장하고 제대로 저장되었는지 확인하라.

3. 데이터를 수집하는 과정상에 이슈나 문제점이 발생했다면 그것이 무엇인지 자세히 설명하라.

제4장 크롤링 데이터의 전처리

4장. 크롤링 데이터의 전처리

4.1 크롤링 데이터 합치기

3장에서는 셀레니움을 이용한 동적 크롤링 과정을 알아보았으며 동적 크롤링에 의해 네이버 블로그에서 "노인 부양"이라는 키워드에 대해 2024년 3월 1일부터 3월 25일까지 약 25일간의 데이터를 수집하여 naver_blog202403.pkl로 저장하였다. 그리고 3.4절에서는 블로그의 카페와 다음 카페에서 동일하게 '노인 부양'이라는 키워드로 웹 크롤링하여 수집하는 과정을 제시하였다. 크롤링 시간 단축을 위해 짧은 기간동안 수집된 네이버 블로그 90개의 문서는 비교적 적은 양이어서 본장 에서는 네이버 블로그 데이터(naver_blog202403.pkl)와 네이버 카페 데이터(naver_cafe202403.pkl) 그리고 다음 카페 데이터(daum_cafe202403.pkl) 3개를 합쳐서 데이터의 전처리 과정을 진행하고자 한다.

데이터는 그 형태가 정형화된 데이터이건, 혹은 본 교재에서 다루는 비정형 텍스트 데이터이건 분석을 시행하기 위해서는 반드시 전처리 과정을 거쳐야 한다. 일반적인 정형데이터를 다루는 경우에는 각 변수 항목별 결측치 여부를 파악하고 결측치를 처리한다거나, 고객의 프로파일 데이터인 경우 주민번호로부터 연령, 성별, 생일 등의 새로운 변수 혹은 가공변수를 생성한다거나, 분석의 필요에 따라 문자형 변수를 숫자형 또는 범주형 형태로 변환하는 등의 처리가 전처리에 해당될 것이다. 특히 비정형 데이터의 경우는 말 그대로 어떤 정형화된 포맷에 따라 데이터가 수집된 것이 아닌 어떠한 형식도 갖추고 있지 않기 때문에(특히 블로그 글 등에는 사용자의 글 작성방식에 따라 이모티콘, 줄임말 등등이 포함), 분석에 필요한 데이터로서의 가치를 가지기 위해서는 전처리 과정을 꼼꼼하게 다루어야 한다. 또한 텍스트 데이터(자연어) 기반의 비정형 데이터의 전처리 과정은 정형데이터의 전처리 과정에는 필요하지 않은 형태소 분석 등의 추가적인 과정을 거쳐야 한다.

지금부터는 제3장에서 수집한 데이터들을 합치는 과정부터 전처리 작업을 진행할 것이다. [프로그램 4.1]은 데이터 전처리 과정 중에 필요한 몇 가지 라이브러리 들이다. 물론 3장에서 대부분의 라이브러리를 불러왔지만 독자들의 입장에서는 한번에 이 모든 과정을 진행하는 것은 아닐 것이므로 매번 새로운 프로그램을 시행할 때마다 몇 번이고 필요한 라이브러리를 불러오는 습관을 들이는 것이 다양한 라이브러리의 사용에 도움이 된다.

```
import pickle             # 데이터 저장 라이브러리
import pandas as pd       # 데이터 분석 라이브러리
import re                 # 정규표현식을 사용
```

프로그램 4.1 데이터 전처리를 위해 필요한 라이브러리 임포트하기

Pickle : 확장자 'pkl' 형태의 데이터로 저장하는데 필요한 라이브러리로 딕셔너리(dictionary) 유형이든 데이터프레임(DataFramc) 유형이든 그 형태를 그대로를 유지하면서 불러올 수 있음

Pandas : 데이터분석을 하는데 필수적인 라이브러리로 쉽고 직관적인 관계형 또는 분류된 데이터로 작업 할 수 있도록 설계된 빠르고 유연하며 풍부한 데이터 구조를 제공함

re : 정규 표현식을 이용한 문자열의 검색, 추출, 변환 등의 작업을 수행함

여기서는 특정한 규칙을 갖는 문자열의 집합을 표현하기 위해 정규 표현식(Regular expression)을 이용한다. 정규식은 특수문자와 일반문자를 모두 포함하며 특수문자로'.', '^', '$', '*', '?','W', '{ }','[ ]' 등이 사용된다. 자주 사용되는 정규 표현식은 다음과 같다.

표 4.1 정규표현식 예시

정규표현식	주요 기능
₩b	빈 문자열로 단어의 시작과 끝 사이의 단어 경계를 나타냄 예 : import re text = “core1 core core883core” 일 때 re.findall(r’₩bcore₩b’, text) → core의 앞 뒤에 아무것도 없는(단어의 경계가 없는) 두 번째 core에 해당하는 [core] 를 출력
₩B	단어의 경계가 아닌 위치를 나타낼 때 사용 re.findall(r’₩Bcore’, text) → core883core에서 뒤의 [core]출력 re.findall(r’core₩B’, text) → core1과 core883core 앞의 core에 대해 [core, core]로 출력
₩d	0~9까지의 숫자를 의미함 import re text =“12 month 365 days 2023 ? ” re.findall(r’₩d+’, text) → [‘12’, ‘365’, ‘2023’]이 출력됨 re.findall(r’₩d’, text) → 모든 숫자에 해당하는 ['1', '2', '3', '6', '5', '2', '0', '2', '3']이 출력
₩D	non-digit([^0-9])으로 숫자가 아닌 모든 문자를 의미함 re.findall(‘r₩D+’, text) → [‘month’, ‘day’, ‘?’]가 출력
₩w	대소문자를 포함한 문자와 숫자를 의미함 예 :import re text = "Wow! 999. This is a wonderful place." w_text = re.findall(r'₩w+', text) print(w_text) → 다음과 같이 문자와 숫자 결과를 모두 출력 ['Wow', ‘999, 'This', 'is', 'a', 'wonderful', 'place']
₩W	숫자 또는 문자가 아닌 것으로 ₩w의 정 반대결과를 의미함 W_text = re.findall(r'₩W+', text) print(W_text) → ['! ', ' ', ' ', ' ', ' ', '.'] 숫자, 문자를 제외한 특수문자와 블랭크 출력
₩s	공백문자를 의미하며 공백, 가로탭(₩t), 개행문자(₩n), 세로탭(₩v) 등을 나타냄

	예 : import re text = "Wow! 999. This is a wonderful place." re.findall(r'₩s+', text) → [' ', ' ', ' ', ' ', ' ', ' ']
₩S	비공백문자로 ₩s 의 반대를 의미하며 [^ ₩t₩n₩v] 등과 같음 예 : import re text = "Wow! 999. This is a wonderful place." re.findall(r'₩S+', text) → ['Wow!', '999.', 'This', 'is', 'a', 'wonderful', 'place.'] 으로 출력되며 ₩S와 ₩w의 차이를 잘 구분

전처리를 하기 전에 먼저 지금까지 수집한 데이터 파일을 모두 병합 해 주어야 한다. 이를 위해서 [프로그램 4.2]와 같이 3장에서 저장한 확장자가 .pkl인 데이터 파일들을 모두 불러온다. 불러오는 방식은 정의 함수를 이용하여 def pklopen (text)를 만들고 데이터 파일의 경로와 pkl 포맷을 지정하였다. 그리고 네이버 블로그에서 수집된 데이터 파일을 data1, 네이버 카페로부터 수집한 데이터 파일을 data2로, 그리고 다음 카페에서 수집한 데이터 파일을 data3으로 불러온다. data1, data2, data3을 pd.concat()함수를 이용하여 'data'로 병합하였다. 각 채널별(네이버 블로그, 네이버 카페, 다음 카페) 데이터의 크기를 확인해 보자. 결합된 데이터 크기는 [결과 4.1]과 같다. 다음 카페의 문서가 66건, 네이버 블로그가 90건, 네이버 카페에서 90건이 수집 되었다. 네이버 블로그와 카페의 문서 수가 각각 90건인 것은 네이버의 스크롤 다운을 각각 2회(Scrolldown(2))까지 했기 때문에 동일한 것으로 보인다. 전체 문서의 갯수는 246개이며 9개의 변수(title, doc, ..., ch, ch2)들로 구성되어 있음을 확인할 수 있다.

[프로그램 4.3]을 통해 병합한 'data'에서 각각의 데이터 파일에 붙어있는 인덱스 번호를 무시하고 통합 후 새로운 일련번호를 넣기 위해 "drop=True"로 해 줌으로써(디폴트는'False') 새로운 일련번호가 생성되도록 하였다. [결과 4.2]를 보면 data는 246row×9columns로 구성되었음을 알 수 있다.

```
# 크롤링한 데이터를 pkl 형식으로 읽어오기
file_path = "C:\\Users\\user\\" # 파일 저장 위치

def pklopen(text):
    f = open(file_path + '{}.pkl'.format(text),"rb")
    a = pickle.load(f)
    f.close()
    return a

data1 = pklopen('naver_blog202403')   # 크롤링한 데이터(네이버 블로그)
data2 = pklopen('naver_cafe202403')   # 크롤링한 데이터(네이버 카페)
data3 = pklopen('daum_cafe202403')    # 크롤링한 데이터(다음 카페)

data = pd.concat([data1,data2,data3]) # 데이터 결합

#각 채널별 데이터 사이즈 확인
data.groupby(['ch','ch2']).size()
```

프로그램 4.2 네이버 블로그, 카페, 다음 카페 데이터의 병합 및 데이터 크기 확인

```
ch     ch2
daum   cafe    66
naver  blog    90
       cafe    90
dtype: int64
```

결과 4.1 병합한 데이터의 채널별 사이즈

```
data = data.reset_index(drop=True) # 인덱스 재설정
data
```

프로그램 4.3 병합 한 데이터의 일련번호 재설정 하고 데이터 보기

	title	doc	like	comment_cnt	comment_list	img	div	ch	ch2
0	그러나 맞벌이 부부 증가, 핵가족화, 산업화, 수명연장 등 다양한 변화로 인해 노인...	\n\n\n\n\n여태껏 가정 안에서 연로한 어르신을 돌봤습니다. 그러나 맞벌이 부...	4	\n\t\t\t\t\t\t\t\t\t\t\t1\n\t\t\t\t\t\t\t\t	비밀 댓글입니다.	0	0	naver	blog
1	[심층진단-저출산 해법없나 ②] 미래세대 노인부양에 국가 존립 위협 ... 총선 후 명...	\n\n\n\n\n\n\n0.6명대 출산율·내년 초고령사회 진입 ... 韓 저출산·고령...	null	\n\t\t\t\t\t\t\t\t\t\t\t1\n\t\t\t\t\t\t\t\t	그런데도 퍼주지 못해 안달하는 당도 있으니 나중에는 죽거나 살거나 내가 알것없고 우...	2	0	naver	blog
2	치매가족의 부양부담과 부양부담 경감을 위한 지원방안에 대해 토론하시오 (노인복지학)...	\n\n\n\n\n치매가족의 부양부담과 부양부담 경감을 위한 지원방안에 대해 토론하...	0	\n\t\t\t\t\t\t\t\t\t\t\t1\n\t\t\t\t\t\t\t\t	음악은 인간이 알고있는\n가장 최대의 선이며,\n우리가 땅 위에서 누릴 수 있는\n...	0	0	naver	blog
3	요양보호사 문제풀이(가족관계 변화와 노인부양)	\n\n\n\n\n\n\n\n\n\n\n\n\n\n\n요양보호사 문제풀이 (요점...	2	\n		10	0	naver	blog
4	뒷모습 (노인부양)	\n\n\n\n\n\n\n\n\n\n\n\n\n\n\n* 뒷모습 저 쪼그만대...		\n		1	0	naver	blog
...	...	...	...	...	...	...	...	...	...
241	이끄심 2화 - Ἀρχή 아르케 : 시작은 어머니로부터(2) 탈북민 수기	이끄심 2화 - Ἀρχή 아르케 : 시작은 어머니로부터 (2) 탈북민 수기 김서윤 전...	0	0		0	0	daum	cafe
242	(노년) 노인 중산층의 씨가 마른 대한민국	(노년) 노인 중산층의 씨가 마른 대한민국인기멤버 hanjy97132023.03.19...	0	0		4	0	daum	cafe
243	[불교설화] 구경(球莖)의 전생 이야기	구경(球莖)의 전생 이야기 이 이야기는 부처님이 기원정사에 계실 때, 아버지를 부양...	0	0		2	0	daum	cafe
244	건강하게 오래사는 생활습관 6가지	◈건강(健康)하게오래 사는 생활습관(生活習慣) 6가지◈요즘은 단순히 오래 사는 것보...	0	0		4	0	daum	cafe
245	무레 요코의 결국 왔구나	무레 요코의 결국 왔구나 무레 요코김광한 "자식 다 키워서 이제 한숨 돌리...	0	0		6	0	daum	cafe

246 rows × 9 columns

결과 4.2 채널별 수집한 데이터의 병합 결과

4.2 데이터 전처리

4.2.1. 한글화

자연어 처리에서 크롤링으로 확보한 데이터에는 일반적인 특수문자(!, ?, , 등)나 ㅋㅋ, ㅎㅎㅎ 등의 다양한 비정형 특수문자들이 포함되어 있으며 줄간격에 해당하는 개행문자(₩n등)도 상당히 많이 포함되어 있다. 텍스트 데이터 분석을 하는데 있어 본격적인 데이터 분석을 하기 전에 불필요한 문자들을 미리 정리하고 제거하여 정리된 데이터 세트로 만드는 일련의 과정을 전처리(Pre-processing)라고 한다. 이러한 전처리 과정에는 데이터의 정제(cleaning), 정규화(normalization), 그리고 토큰화(tokenization) 등의 과정이 포함된다. 특히 블로그나 카페 글들에는 앞에서 언급한것처럼 사용자에 따라 한글 외에도 기호, 특수문자, 이모티콘 등 다양한 형태의 문자들이 포함되어 있다. 문맥을 이해하거나 주 사용어휘 등을 이해하는데 도움이 되지 않는 이런 특수기호 등은 모두 전처리 과정에서 삭제해 주어야 한다. 이러한 전처리 작업을 실시하기 전에 4.1절에서 불러와 통합한 "data" 파일을 'total_data202403.pkl'로 저장하고 이 파일을 불러와 전처리 할 준비를 맞추었다 [프로그램 4.4]를 참고하라.

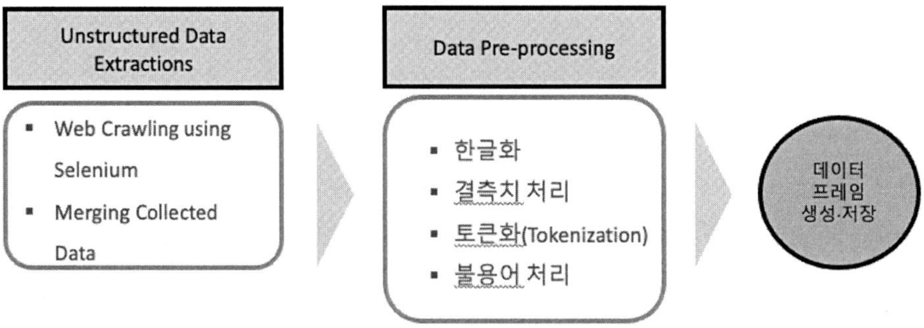

그림 4.1 전처리 프로세스 (Pre-processing)

이제 데이터 파일에 있는 9개 변수 중에서 블로그나 카페의 본문문서와 제목, 그리고 댓글에서 한글을 제외한 나머지 문자들을 제거하는 과정을 생각해 보자. 모든 본문문서(doc)에서 영문자, 한글, 숫자, 공백 등을 제외한 모든 불필요한 문자들을 제거하는게 좋겠다. 보통의 블로그 글에서는 ^^, -^- 또는 이모티콘 등 다양한 특수기호 등을 사용하기도 하고 오타, 신조어 등이 많이 포함되어 있기도 하다. 이러한 기호나 특수문자 등은 문서의 내용을 이해하는 것과는 무관하므로 제외시켜 주는 것이다. 다만 신조어자체가 보편화 되고 있는 요즈음은 해당 신조어 자체가 의미를 함축하고 있어 신조어를 유지시켜 주는 것이 필요할 수 있다.

```
f = open(file_path + 'total_data202403.pkl',"wb")
pickle.dump(data,f)
f.close()

f = open(file_path + 'total_data202403.pkl', "rb")
docs = pickle.load(f)
f.close()
docs
```

프로그램 4.4 병합한 데이터 파일을 pkl로 저장하고 불러오기

```
# 제목, 본문, 댓글의 한글화

for i in range(len(docs)):
    docs['title'][i] = re.sub("[^0-9a-zA-Zㄱ-ㅎㅏ-ㅣ가-힣]", '', str(data['title'][i]))

    docs['doc'][i] = re.sub("[^0-9a-zA-Zㄱ-ㅎㅏ-ㅣ가-힣]", '', str(data['doc'][i]))

    docs['comment_cnt'][i] = re.sub("[^0-9]", "", str(docs['comment_cnt'][i]))

    docs['comment_list'][i] = re.sub("[^0-9a-zA-Zㄱ-ㅎㅏ-ㅣ가-힣]", '',
    str(data['comment_list'][i]))

docs
```

프로그램 4.5 한글화 작업

[프로그램 4.5]는 한글화 하는 과정을 보여준다. 본문문서(doc), 문서제목 (title), 댓글(comment_list)에서 각 각 한글화를 실시하였다. 여기서 자주 사용되는 한글화 또는 영문화의 정규 표현식을 알아보도록 하자. 다음과 같은 정규 표현식을 통해 특수문자 등을 제외시킬 수 있다.

```
한   글 : ^[ㄱ-ㅎ ㅏ-ㅣ가-힣]
한글 외 : [^ㄱ-ㅎ ㅏ-ㅣ가-힣]

영   문 : ^[a-zA-Z]
영문 외 : [^a-zA-Z]

숫   자 : ^[0-9]
숫자 외 : [^0-9]

한글, 영어, 숫자   : ^[0-9a-zA-Zㄱ-ㅎㅏ-ㅣ가-힣]
한글, 영어, 숫자외 : [^0-9a-zA-Zㄱ-ㅎㅏ-ㅣ가-힣]
```

이러한 한글화 과정을 거치면 [결과 4.3]에서 보는 것처럼 전처리 하기 전의 결과인 [결과 4.2]와는 다르게 특수기호들이 정리된 깔끔한 데이터 세트를 확인 할 수 있다.

4.2.2. 결측값 정리하기

이제 SNS 텍스트 데이터 분석에 부합하지 않는 문서(doc)들을 제외할 필요가 있다. 예를 들면 블로그 글의 제목만 있고 본문 내용에 이모티콘이나 특수 기호만 존재 한다던가, 한 두 개의 단어들로 작성하다 만 글들도 존재한다. 이러한 문서들은 본문의 내용을 이해하는데 오히려 노이즈가 될 수 있으므로 결측치로 고려하여 미리 삭제하는 것이 좋다. 따라서 블로그 제목은 있으나 본문 내용이 아무것도 없거나 2글자 미만인 경우는 문서의 내용이 무의미한 것으로 보고 이런 문서를 제거하기로 한다. [프로그램 4.6]은 doc에 대해 두 글자 미만이거나 문서가 공백으로 되어 있는 경우를 제거한 후 데이터 프레임의 인덱스를 초기화하여 몇 개의 문서가 삭제되었는지를 확인하는 과정이다.

	title	doc	like	comment_cnt	comment_list	img	div	ch	ch2
0	그러나 맞벌이 부부 증가 핵가족화 산업화 수명연장 등 다양한 변화로 인해 노인부양은...	여태껏 가정 안에서 연로한 어르신을 돌봤습니다 그러나 맞벌이 부부 증가 핵가족화 산...	4	1	비밀 댓글입니다	0	0	naver	blog
1	심층진단저출산 해법없나 미래세대 노인부양에 국가 존립 위협 총선 후 명운 걸고 ...	06명대 출산율내년 초고령사회 진입 저출산고령화에 시름2054년 노인부양률 OE...	null	1	그런데도 퍼주지 못해 안달하는 당도 있으니 나중에는 죽거나 살거나 내가 알것없고 우...	2	0	naver	blog
2	치매가족의 부양부담과 부양부담 경감을 위한 지원방안에 대해 토론하시오 노인복지학 D...	치매가족의 부양부담과 부양부담 경감을 위한 지원방안에 대해 토론하시오 노인복지학 D...	0	1	음악은 인간이 알고있는가장 최대의 선이며우리가 땅 위에서 누릴 수 있는천국의 모든 ...	0	0	naver	blog
3	요양보호사 문제풀이가족관계 변화와 노인부양	요양보호사 문제풀이 요점정리 요양보호사 문제풀이 문제정리	2			10	0	naver	blog
4	뒷모습 노인부양	뒷모습 저 쪼그만대서 어찌 요 큰 몸뚱이가 나왔을꼬 내가 시작된 곳이 어딘지 잊지않...				1	0	naver	blog
...	...	...	...	...	...	...	...	...	...
241	이끄심 2화 아르케 시작은 어머니로부터 2 탈북민 수기	이끄심 2화 아르케 시작은 어머니로부터2 탈북민 수기 김서윤 전도사 232고난...	0	0		0	0	daum	cafe
242	노년 노인 중산층의 씨가 마른 대한민국	노년 노인 중산층의 씨가 마른 대한민국인기멤버 hanjy971320230319 233...	0	0		4	0	daum	cafe
243	불교설화 구경의 전생 이야기	구경의 전생 이야기이 이야기는 부처님이 기원정사에 계실 때 아버지를 부양하는 어떤 ...	0	0		2	0	daum	cafe
244	건강하게 오래사는 생활습관 6가지	건강하게오래 사는 생활습관 6가지요즘은 단순히오래 사는 것보다는건강하게 장수한다는 ...	0	0		4	0	daum	cafe
245	무례 요코의 결국 왔구나	무례 요코의결국 왔구나무례 요코김광한자식 다 키워서 이제 한숨 돌리나 했더니 앞으론...	0	0		6	0	daum	cafe

246 rows × 9 columns

결과 4.3 한글화 처리 결과 정돈된 데이터

```
for i in range(len(docs)):
    if (len(docs['doc'][i]) < 2 or docs['doc'][i].isspace() == True):
        docs = docs.drop(i)
print("ok")

docs = docs.reset_index(drop=True)
docs
```

프로그램 4.6 결측치 처리- 2글자 미만으로 구성되어 있거나 공백인 문서 제거

결측치를 제외한 결과인 [결과 4.4]에서 맨 하단에 있는 인덱스와 데이터 크기를 확인해 보면 242rows×9columns이다. 결측치를 제거하기 전의 246×9 데이터프레임의 크기에서 4개의 문서가 제거되었음을 확인 할 수 있다. 전체문서의 약 1.6%가 결측치로 삭제되었다. 다행스럽게 대다수의 문서가 분석 대상이 되었음을 알 수 있다.

	title	doc	like	comment_cnt	comment_list	img	div	ch	ch2
0	그러나 맞벌이 부부 증가 핵가족화 산업화 수명연장 등 다양한 변화로 인해 노인 부양은...	여태껏 가정 안에서 연로한 어르신을 돌봤습니다 그러나 맞벌이 부부 증가 핵가족화 산...	4	1	비밀 댓글입니다	0	0	naver	blog
1	심층진단저출산 해법없나 미래세대 노인 부양에 국가 존립 위협 총선 후 명운 걸고 ...	06명대 출산율내년 초고령사회 진입 저출산고령화에 시름2054년 노인부양률 OE...	null	1	그런데도 퍼주지 못해 안달하는 당도 있으니 나중에는 죽거나 살거나 내가 알것없고 우...	2	0	naver	blog
2	치매가족의 부양부담과 부양부담 경감을 위한 지원방안에 대해 토론하시오 노인복지학 D...	치매가족의 부양부담과 부양부담 경감을 위한 지원방안에 대해 토론하시오 노인복지학 D...	0	1	음악은 인간이 알고있는가장 최대의 선이며우리가 땅 위에서 누릴 수 있는천국의 모든 ...	0	0	naver	blog
3	요양보호사 문제풀이가족관계 변화와 노인부양	요양보호사 문제풀이 요점정리 요양보호사 문제풀이 문제정리	2			10	0	naver	blog
4	뒷모습 노인부양	뒷모습 저 쪼그만대서 어찌 요 큰 몸뚱이가 나왔을꼬 내가 시작된 곳이 어딘지 잊지않...				1	0	naver	blog
...	...	...	...	...	...	...	...	...	...
237	이끄심 2화 아르케 시작은 어머니로부터 2 탈북민 수기	이끄심 2화 아르케 시작은 어머니로부터2 탈북민 수기 김서윤 전도사 232고난...	0	0		0	0	daum	cafe
238	노년 노인 중산층의 씨가 마른 대한민국	노년 노인 중산층의 씨가 마른 대한민국인기멤버 hanjy971320230319 233...	0	0		4	0	daum	cafe
239	불교설화 구경의 전생 이야기	구경의 전생 이야기이 이야기는 부처님이 기원정사에 계실 때 아버지를 부양하는 어떤 ...	0	0		2	0	daum	cafe
240	건강하게 오래사는 생활습관 6가지	건강하게오래 사는 생활습관 6가지요즘은 단순히오래 사는 것보다는건강하게 장수한다는 ...	0	0		4	0	daum	cafe
241	무례 요코의 결국 왔구나	무례 요코의결국 왔구나무례 요코김광한자식 다 키워서 이제 한숨 돌리나 했더니 앞으론...	0	0		6	0	daum	cafe

242 rows × 9 columns

결과 4.4 한글자 단어 제거 후의 데이터 세트

일반적으로 SNS 데이터는 불측정 다수의 글이나 형태들이 어떠한 정제됨이 없이 축적되어 있기 때문에 수집한 웹크롤링 데이터를 사용함에 있어 이러한 전처리 과정이 충분히 검토되지 않으면 잘못된 문서들로 인해 불필요한 해석 등의 오류를 범하기가 쉽다.

여기서 [결과 4.4]를 유심히 살펴보면 "like(좋아요 수)"변수값 중에서 결측치 값이 "null"로 들어가 있음을 볼 수 있다. "null"은 문자형변수의 결측치를 의미한다. 그런데 블로그나 카페글에 대해 "like"는 "좋아요"를 누른 숫자임에도 변수유형이 문자형으로 되어 있어 이 상태에서는 "like"에 대한 합이나 평균 등을 수치로 나타낼 수가 없다. 따라서 이러한 문자형 변수를 숫자형 변수로 변환해주는 과정이 필요한다. [프로그램 4.7]은 이러한 문자형 변수를 숫자형 변수로 변환하

는 과정이다.

```
# like, comment_cnt, img, div의 데이터 타입을 숫자로 변환
# 변환 중 에러 발생시 NaN으로 처리
docs['like'] = pd.to_numeric(docs['like'], errors='coerce').astype('Int64')
docs['comment_cnt']=pd.to_numeric(docs['comment_cnt'], errors='coerce').astype('Int64')
docs['img'] = pd.to_numeric(docs['img'], errors='coerce').astype('Int64')
docs['div'] = pd.to_numeric(docs['div'], errors='coerce').astype('Int64')

docs
```

프로그램 4.7 문자형 변수의 숫자형 변수 변환

숫자형으로 변환해야 할 변수는 "좋아요 수"에 해당하는 "like" "댓글 수"에 해당하는 "comment_cnt" , "이미지 수"인 "img"와 "영상 수"에 해당하는 "div" 총 4개의 변수이다. [프로그램 4.7]에서 errors='coerce' 는 변환이 불가한 경우(결측치인 경우) "NaN"으로 처리하하는 것이다. 이렇게 숫자형으로 변환 한 후의 결과를 출력해보면 [결과 4.5]에서 보이는 것처럼 "like" 의 결측치 값이 〈NA〉로 변경되었음을 확인 할 수 있다. 〈NA〉는 숫자형 변수의 결측치를 나타낸다.

	title	doc	like	comment_cnt	comment_list	img	div	ch	ch2
0	그러나 맞벌이 부부 증가 핵가족화 산업화 수명연장 등 다양한 변화로 인해 노인 부양은...	여태껏 가정 안에서 연로한 어르신을 돌봤습니다 그러나 맞벌이 부부 증가 핵가족화 산...	4	1	비밀 댓글입니다	0	0	naver	blog
1	심층진단저출산 해법없나 미래세대 노인부양에 국가 존립 위협 총선 후 명운 걸고 ...	06명대 출산율내년 초고령사회 진입 저출산고령화에 시름2054년 노인부양률 OE...	<NA>	1	그런데도 퍼주지 못해 안달하는 당도 있으니 나중에는 죽거나 살거나 내가 알것없고 우...	2	0	naver	blog
2	치매가족의 부양부담과 부양부담 경감을 위한 지원방안에 대해 토론하시오 노인복지학 D...	치매가족의 부양부담과 부양부담 경감을 위한 지원방안에 대해 토론하시오 노인복지학 D...	0	1	음악은 인간이 알고있는가장 최대의 선이며우리가 땅 위에서 누릴 수 있는천국의 모든 ...	0	0	naver	blog
3	요양보호사 문제풀이가족관계 변화와 노인부양	요양보호사 문제풀이 요점정리 요양보호사 문제풀이 문제정리	2	<NA>		10	0	naver	blog
4	뒷모습 노인부양	뒷모습 저 쪼그만대서 어찌 요 큰 몸뚱이가 나왔을꼬 내가 시작된 곳이 어딘지 잊지않...	<NA>	<NA>		1	0	naver	blog
...	...	...	...	...	...	...	...	...	...
237	이끄심 2화 아르케 시작은 어머니로부터 2 탈북민 수기	이끄심 2화 아르케 시작은 어머니로부터2 탈북민 수기 김서윤 전도사 232고난...	0	0		0	0	daum	cafe
238	노년 노인 중산층의 씨가 마른 대한민국	노년 노인 중산층의 씨가 마른 대한민국인기멤버hanjy971320230319 233...	0	0		4	0	daum	cafe
239	불교설화 구경의 전생 이야기	구경의 전생 이야기이 이야기는 부처님이 기원정사에 계실 때 아버지를 부양하는 어떤 ...	0	0		2	0	daum	cafe
240	건강하게 오래사는 생활습관 6가지	건강하게오래 사는 생활습관 6가지요즘은 단순히오래 사는 것보다는건강하게 장수한다는 ...	0	0		4	0	daum	cafe
241	무레 요코의 결국 왔구나	무레 요코의결국 왔구나무레 요코김광한자식 다 키워서 이제 한숨 돌리나 했더니 앞으론...	0	0		6	0	daum	cafe

242 rows × 9 columns

결과 4.5 숫자형 변수로의 변환 결과

4.2.3. 토큰화 및 형태소 분석

토큰화는 자연어처리(natural language processing) 또는 텍스트 데이터 마이닝(text data mining)에서 매우 중요한 데이터 전처리 과정의 하나이다. 토큰화(tokenization)이란 주어진 문서에서 토큰(token) 이라 불리는 작은 단위로 문서의 내용을 나누는 작업을 의미한다. 그렇다면 토큰은 어떻게 정의될까? 토큰의 단위는 보통 의미있는 단어나 구로 정의할 수 있다. 의미가 있는 최소 단위가 특정 단어이거나 단어구가 될 수도 있으며 의미 있는 문자열이 될 수도 있다. 즉 토큰화의 방법들로 문장 토큰화(sentence tokenization), 단어 토큰화(word-tokenization), 형태소분석(morphological analysis) 등이 있다. 하나의 영문 문장으로 예를 들어보자.

"I want to go somewhere alone this fall !"

위 문장에서 단어 토큰화를 할 경우 특수기호에 해당하는'!'('.', ',', '!', '?' 등)을 제외한 토큰화 작업을 수행하면 "I", "want", "to", "go", "somewhere", "alone", "this", "fall" 이 된다. 그런데 영어와는 달리 한국어의 경우는 어근, 조사 등이 존재하여 단순히 띄어쓰기만으로는 단어의 토큰을 구분하기가 어렵다. 예를 들어 "나"라는 단어에도 "나는", "나의", "나를", "나에게" "나와" 등 다양한 조사가 붙기 때문이다. 따라서 한국어의 경우 토큰화 과정에서 빼어 놓을 수 없는 것이 형태소 분석이라는 것이며, 여기서 형태소(morpheme)의 개념을 이해해야만 한다. 형태소란 "뜻을 가진 가장 작은 말의 단위"를 의미하며 '자립 형태소"와 "의존 형태소"로 구분할 수 있다.

자립 형태소 : 접사, 어미, 조사 등과 상관없이 자립하여 사용할 수 있는 형태소로 그 자체로 단어가 되는 경우이며, 명사, 대명사, 수사, 관형사, 부사, 감탄사 등이 해당된다.

의존 형태소 : 다른 형태소와 결합하여 사용되는 형태소로 접사인 어미와 조사인 어 간 등이 이에 해당된다. 다시 말해 다른 어휘와 결합하여

의미를 전달하는 형태소를 말한다. 예를 들어 "~의" "~가 등의 조사, "~하다","이다" 등의 어미, "~롭다", "~답다" 등의 접미사 등이 이에 해당한다.

이러한 한글에 대해 형태소 분석을 하기위해서는 형태소 분석기라는 패키지를 사용해야 한다. 즉 개개인이 자연어 처리를 할 때마다 일일이 모든 문장에서 형태소들을 찾아 구분하거나 분석할 수 없기 때문에 한국어에 맞게 파이썬에서 제공하는 형태소 패키지를 사용하는 것이다. 파이썬에서 제공하는 한글어 형태소 분석기는 KoNLPY(Korean Natural Language Python, 코엔엘파이)이다. 따라서 한국어 자연어 처리에서 형태소 분석기를 사용한다는 것은 단어 토큰화(word-tokenization)이 아니라 형태소(morpheme) 단위로 형태소 토큰화(morpheme tokenization)를 수행하는 것이다.

KoNLPY(코엔엘파이) 패키지는 여러 종류의 형태소 분석기를 제공한다. KoNLPY를 통해서 사용할 수 있는 형태소 분석기는 다음과 같다. 형태소 분석기마다 각 각의 장단점을 가지고 있으므로 형태소를 분석시, 분석해야 하는 데이터의 양에 따라 분석해 내는 속도가 중요한지, 아니면 자소분리(한글의 자음과 모음을 나누어서 표현하는 방식)나 오탈자에 대해서도 분석의 품질이 필요한지 등등에 따라 필요한 형태소 분석기를 사용하면 된다.

KoNLPY(코엔엘파이) 패키지에서 제공하는 형태소 분석기는 다음과 같다.

■ Okt(Open Korea Text)
  - Twitter 오픈 소스 한국어 분석기
  - 텍스트를 형태소 단위로 구분하고 형태소의 품사 태깅 결과를 동사, 명사 등 알아보기 쉽도록 변환해줌

■ 메캅(Mecab)
  - 일본어용 형태소 분석기를 한국어에 사용할 수 있도록 수정한 분석기
  - 분석속도가 가장 빠르며 상대적으로 나쁘지 않은 결과를 보여줌

■ 코모란(Komoran)

- Shineware에서 자바(Java)로 개발한 한국어 형태소 분석기
- 현재 KOMORAN 3.0은 기존 버전대비 정확도와 속도가 개선됨
- 그리고 다른 형태소 분석기와 달리 여러 어절을 하나의 품사로 분석 가능하여 형태소 분석의 적용목적이나 분야에 따라 공백이 포함된 고유명사, 예를 들어 '음원제목', '드라마나 영화제목', '쇼핑몰 명' 등을 더 정확하게 분석해 낼 수 있으며 또한 오탈자에 대한 품질을 보장함

■ 한나눔(Hannanum)

- KAIST semantic Web Research Center에서 개발
- 띄어쓰기가 바르지 않은 문장에 대해서는 제대로 분석해 내지 못하는 한계를 보임

■ 꼬꼬마(Kkma)

- 서울대학교 IDS(Intelligent Data Systems)연구실에서 개발
- 분석시간이 다소 오래 걸림

이제 프로그램으로 돌아가서 이러한 토큰화 작업을 시작해 보도록 하자. 먼저 토큰화 및 형태소 분석에 필요한 라이브러리를 불러와야한다. 필요한 라이브러리는 tqdm 과 konlpy이다. tqdm은 반복되는 작업의 진행 과정을 시각적으로 제시해주는 프로그램 바를 생성해주며, 프로그램 바를 통해 현재 진행 수준을 %로 나타내 준다. [프로그램 4.8]에서 보이듯이 프로그램을 실행하면 프로그램 하단에 검은색 바가 생성되면서 형태소 분석의 진행 수준을 표시해준다. 242개의 문서에 대해 100% 형태소 분석이 완료되었음을 알 수 있다. 그리고 한국어 형태소 분석을 위한 토큰화 방법으로 KoNLPY의 코모란(Komoran)을 사용하기 위해 라이브러리인 konlpy로부터 Komoran 클래스를 import하였다.

```
from tqdm import tqdm          # 반복작업과정의 진행상황을 시각적으로 제시
from konlpy.tag import Komoran
komoran = Komoran()            # Komoran 클래스의 인스턴스 생성
```

```
title_token_list = []          # 제목의 형태소를 담아낼 리스트
title_token_noun = []          # 제목의 명사를 담아낼 리스트
for i in tqdm(range(len(docs))):
                          # komoran.pos() 메서드를 사용하여 형태소 분석 실시
    pos = komoran.pos(u'{}'.format(docs['title'][i]))

    # komoran.nouns() 메서드를 사용하여 길이가 2이상인 명사를 추출라고 리스트에 저장
    noun = list(term for term in komoran.nouns(u'{}'.format(docs['title'][i])) if
            len(term) >1)

    title_token_list.append(pos)
    title_token_noun.append(noun)
```

```
100%|██████████| 242/242 [00:01<00:00, 185.64it/s]
```

프로그램 4.8 토큰화 작업을 위한 라이브러리 실행 및 문서제목 형태소 분석

형태소 분석기들은 명사추출(nouns), 형태소 추출(morphs), 형태소에 품사 부착 후 추출(pos) 등을 공통적으로 제공한다. [프로그램 4.6]을 살펴보면 먼저 품사를 포함하여 형태소를 저장할 리스트(doc_token_list)와 명사(doc_token_noun) 을 따로 저장할 리스트를 각각 정의하였다. 그리고 모든 문서에 대해 komoran, os() 메서드를 이용하여 형태소 분석을 실시한 후 단어길이가 2 이상인(2글자 이상)인 명사들을 리스트에 저장하고 역시 형태소 분석결과(pos)도 리스트에 저장한다.

```
title_token_list
```

```
[[('여태껏', 'MAG'),
  ('가정', 'NNG'),
  ('안', 'NNG'),
  ('에서', 'JKB'),
  ('연로', 'NNG'),
  ('하', 'XSV'),
  ('ㄴ', 'ETM'),
  ('어르신', 'NNG'),
  ('을', 'JKO'),
  ('돌보', 'VV'),
  ('았', 'EP'),
  ('습니다', 'EC'),
  ('그러나', 'MAJ'),
  ('맞벌이', 'NNG'),
  ('부부', 'NNG'),
  ('증가', 'NNG'),
  ('핵가족', 'NNG'),
```

결과 4.6 제목의 토큰화 이후 품사를 포함한 리스트

```
title_token_noun

[['가정', '연로', '맞벌이', '부부', '핵가족', '산업화', '수명', '연장', '변화',
 ['심층', '진단', '저출산', '해법', '미래', '세대', '존립', '위협', '총선', '명
 ['치매', '부담', '부담', '경감', '지원', '복지학'],
 ['요양보호사', '제풀이', '관계', '변화'],
 ['뒷모습'],
 ['마련', '어려움'],
 ['맞춤', '이용자', '특성', '욕구'],
 ['시대'],
 ['복지', '시설', '설치', '신고', '절차'],
 ['혜택', '손해'],
 ['자살', '자녀', '부모'],
 ['명견만리', '미래', '셀프', '시대'],
 ['의료', '급여', '지원', '대상', '혜택'],
 ['부모', '의존', '청년', '의존도'],
 ['공중부양', '정리', '하우스', '호텔', '욕실', '샴푸', '스펜서'],
 ['연말정산', '부양가족', '연말정산', '부양가족', '부양가족'],
```

결과 4.7 제목의 토큰화 이후의 명사들

다음으로 [프로그램 4.9]는 문서본문과 댓글에 대해 각 각 형태소 분석을 실시하는 과정이다. 역시 라이브러리 'tqdm'에 의해 진행과정을 눈으로 확인 할 수 있을 것이다. doc_token_list와 doc_token_noun을 출력하면 [결과 4.8], [결과 4.9]와 같다.

```
doc_token_list = []
doc_token_noun = []
for i in tqdm(range(len(docs))):
    pos = komoran.pos(u'{}'.format(docs['doc'][i]))
    noun = list(term for term in komoran.nouns(u'{}'.format(docs['doc'][i])) if        len(term) >1)

    doc_token_list.append(pos)
    doc_token_noun.append(noun)

comment_token_list = []
comment_token_noun = []
for i in tqdm(range(len(docs))):

    pos = komoran.pos(u'{}'.format(docs['comment_list'][i]))

    noun = list(term for term in komoran.nouns
             (u'{}'.format(docs['comment_list'][i])) if len(term) >1)

    comment_token_list.append(pos)
    comment_token_noun.append(noun)
```

프로그램 4.9 문서 본문과 냇글에 대한 형태소 분석

```
doc_token_list
```

```
[[('여태껏', 'MAG'),
  ('가정', 'NNG'),
  ('안', 'NNG'),
  ('에서', 'JKB'),
  ('연로', 'NNG'),
  ('하', 'XSV'),
  ('ㄴ', 'ETM'),
  ('어르신', 'NNG'),
  ('을', 'JKO'),
  ('돌보', 'VV'),
  ('았', 'EP'),
  ('습니다', 'EC'),
  ('그러나', 'MAJ'),
  ('맞벌이', 'NNG'),
  ('부부', 'NNG'),
  ('증가', 'NNG'),
  ('핵가족', 'NNG'),
```

결과 4.8 본문의 토큰화 이후 품사를 포함한 리스트

댓글에 대해서도 동일한 방법으로 진행하여 comment_token_list와 comment_token_noun을 각 각 출력해 보면 [결과 4.10] 및 [결과 [4.11]과 같다. 댓글의 어휘들은 확실히 "노인 부양"관련 문서들의 제목 및 본문에서 사용하는 어휘들과는 다소 다르다는 것을 눈으로 확인 할 수 있을 것이다.

```
doc_token_noun
```

```
[['가정',
  '연로',
  '맞벌이',
  '부부',
  '핵가족',
  '산업화',
  '수명',
  '연장',
  '변화',
  '인해',
  '가정',
  '공공',
  '민간',
  '차원',
  '레포트',
  '가정',
  '연로',
```

결과 4.9 본문의 토큰화 이후의 명사들

```
print(comment_token_list)
```

```
[[('비밀', 'NNP'), ('댓글', 'NNP'), ('이', 'VCP'), ('ㅂ니다', 'EC')], [('그런데', 'MAJ'), ('도', 'JX'), ('
C'), ('못하', 'VX'), ('아', 'EC'), ('안달', 'NNG'), ('하', 'XSV'), ('는', 'ETM'), ('당', 'NNG'), ('도', '
G'), ('에', 'JKB'), ('는', 'JX'), ('죽', 'VV'), ('거나', 'EC'), ('살', 'VV'), ('거나', 'EC'), ('내', 'NP'
('없', 'VA'), ('고', 'EC'), ('우선', 'MAG'), ('표', 'NNG'), ('논리', 'NNG'), ('를', 'JKO'), ('생각', 'NNG
('돈', 'NNG'), ('을', 'JKO'), ('푸', 'VV'), ('어', 'EC'), ('주', 'VX'), ('고', 'EC'), ('표', 'NNG'), ('를
'VV'), ('는', 'ETM'), ('인간', 'NNG'), ('정치인', 'NNG'), ('들', 'XSN'), ('묵사발', 'NNG'), ('을', 'JKO'),
('ㄹ', 'ETM'), ('국민', 'NNG'), ('의', 'JKG'), ('의식', 'NNG'), ('이', 'JKS'), ('빵점', 'NNG')], [('음악',
'JKS'), ('알', 'VV'), ('고', 'EC'), ('있', 'VX'), ('는', 'ETM'), ('가장', 'NNG'), ('최대', 'NNG'), ('의',
C'), ('우리', 'NP'), ('가', 'JKS'), ('땅', 'NNG'), ('위', 'NNG'), ('에서', 'JKB'), ('누리', 'VV'), ('ㄹ',
M'), ('천국', 'NNP'), ('의', 'JKG'), ('모든', 'MM'), ('것', 'NNB'), ('이', 'VCP'), ('다', 'EC'), ('조셉',
NP'), ('댓글', 'NNP'), ('이', 'VCP'), ('ㅂ니다', 'EC')], [], [], [('잇', 'NNG'), ('님', 'XSN'), ('지나가',
P'), ('습니다', 'EC'), ('어느덧', 'MAG'), ('3월', 'NNP'), ('의', 'JKG'), ('첫', 'MM'), ('수요일', 'NNP'),
('습니다', 'EC'), ('ㅎㅎ새로운', 'NA'), ('달', 'NNG'), ('의', 'JKG'), ('초', 'NNB'), ('에', 'JKB'), ('접어
겁', 'VA'), ('고', 'EC'), ('행복', 'NNG'), ('하', 'XSV'), ('ㄴ', 'ETM'), ('일만', 'NR'), ('가득', 'MAG'),
('를', 'JKO'), ('바라', 'VV'), ('며', 'EC'), ('오늘', 'NNG'), ('하루', 'NNG'), ('도', 'JX'), ('파이팅', 'N
'NNG'), ('도', 'JX'), ('정성', 'NNG'), ('담기', 'VV'), ('ㄴ', 'ETM'), ('소중', 'XR'), ('하', 'XSA'), ('ㄴ
('ㄹ', 'JKO'), ('보', 'VV'), ('고', 'EC'), ('공감', 'NNG'), ('꾸욱', 'NA'), ('누르', 'VV'), ('고', 'EC'),
```

결과 4.10 댓글의 토큰화 이후 품사를 포함한 리스트

```
comment_token_noun
```

```
[['비밀'],
 ['안달', '나중', '논리', '인간', '정치인', '묵사발', '의식', '빵점'],
 ['음악', '인간', '가장', '최대', '천국', '조셉', '에디슨'],
 [],
 [],
 ['비밀'],
 [],
 [],
 ['3월',
  '수요일',
  '만큼',
  '행복',
  '하루',
  '파이팅',
  '정성',
  '포스',
  '팅그',
```

결과 4.11 댓글의 토큰화 이후의 명사들

4.2.4. 불용어 처리

다음으로 텍스트 데이터의 전처리 과정중 불용어의 처리에 대해 알아보자. 형태소 분석까지 다 마무리를 하였지만 이것이 끝이 아니다. 지금부터 정리된 형태소 분석결과에 대해 불필요한 용어, 즉 불용어를 제거해 주는 과정을 진행해야 한다. 그렇다면 텍스트 데이터에서 불용어란 어떤 것이며, 무엇을 불용어로 정의해야 하는가를 고민해 봐야 한다. 일단 특수 기호나 불필요한 영문, 숫자 등은

4.2.1 한글화 과정에서 모두 제거하였기 때문에 추가적으로 어떤 불용어들이 있는지를 생각해 봐야 한다. 예를 들어 '노인 부양' 이라는 키워드 기반으로 문서들을 가져왔는데 일부 광고업체들이 노인 부양을 공략하여 상품 광고를 다수의 블로그나 카페를 통해 올렸다고 가정해 보자. 만일 이러한 사실을 모르고 불용어를 처리하지 않은 상태로 분석한 결과를 보면, 특히 워드 클라우드 그림을 통해 확인했을때 이상한 상품 단어들이 나온다거나 광고성 단어들이 본질을 왜곡 시킬 수 있다. 이때는 불용어를 제거하기 이전에 광고성의 문서를 다 제거시켜야 하는 일이 발생할 수도 있고, 때에 따라서는 불용어를 일일이 제거해주어야 할 것이다.

그리고 '노인 부양' 키워드 기반의 문서를 수집한 것이므로 모든 수집한 문서에는 '노인 부양' 이라는 키워드가 존재하고 따라서 불용어로 제외하지 않을 경우 가장 의미있는 어휘로 뿌려지게 될 것이다. 이럴 경우 '노인 부양' 어휘 때문에 상대적으로 다른 주요 어휘(키워드)들이 묻혀버리는 결과를 초래한다, 따라서 누구나 웹 크롤링의 주제나 키워드를 명확히 알고 있는 상태라면 해당하는 어휘는 불용어로 제외시키는 것이 좋다. 누구나 '노인 부양'에 대한 내용이라는 것을 다 알고 있기 때문이다. 만일 불용어를 제대로 정리하지 않게 되면 워드 클라우드를 그렸을 때 예상치 못한 이상한, 그리고 의미를 알 수 없는 단어들이 중요한 어휘로 등장하는 경우들이 종종 발생한다. 이것에 대해 의심하지 않고 단순히 해석을 하게되면 도저히 해석이 잘 되지 않는 상황이 발생할 수 있다. 또한 그러한 불용어가 잘못된 해석을 하는데 주범이 되기도 한다. 그럼 다시 건건히 불용어를 확인하고 제거하는 과정을 반복해야 하기 때문에 처음부터 예상 가능한 불용어 들을 꼼꼼하게 제거해 주어야 한다. 실제로 독자 여러분이 웹크롤링으로 데이터를 수집하여 분석해 보면 데이터 전처리 과정에서 불용어를 제외시켰다고 생각함에도 불구하고 워드 클라우드를 보면서 반복적으로 다시 원 문서를 확인하고, 불용어를 제거해주는 괴정을 거쳐야 하는 경우가 자주 발생할 것이다.

불용어의 예를 영문 문서인 경우로 생각해 보자. 관사나 부관사 a, an, the 혹은 전치사 (of, at, in, on ...), 접미사(and, or...) 등은 영문으로 구성된 문서 본문의 주요 내용을 요약하여 정보를 추출하는데 있어 별로 의미가 없을 것이다.

저자의 경험을 토대로 설명해 보겠다. 몇 년 전에 미국 도요타 자동차의 패이스북 댓글들을 분석한 경험이 있었는데, 'la'라는 키워드가 계속 등장하여 이 단어가 무엇을 의미하는지, 왜 이렇게 자주 등장하는지, 불용어가 맞는지, 혹시 스페인이나 라틴어인지 등 오랜 시간을 고민했던 생각이 난다. 결국 'la'가 들어간 문서들을 샘플로 추출하여 문맥을 확인한 결과 'la'는 'LA(Los Angeles)라는 것을 알게 되었다. 다수의 미국인들은 SNS상에서 'LA'를 'la'로 사용하고 있었던 것이다. 이러한 사실을 몰랐더라면 단지 불용어로 생각하고 본문에서 제외시키는 오류를 범했을 것이다. 이처럼 불용어는 삭제 하거나 유지하거나 하는 과정에서 오류를 범할 수 있기 때문에 각별히 조심해야 한다.

또한 저자는 보통 크롤링한 데이터에 대해서 한글이든 영문이든 한글자로 된 단어들은 불용어로 처리를 해주는 편이다. 특히 블로그나 카페 등의 문서들은 일반적으로 한글자 어인 'ㅋ', 'ㅎ' 등의 약어들을 많이 사용하는 경향이 있어 제거해 주는 방식을 택한 것이다. 그러나 불용어의 제거 여부는 연구자가 해당 분석 영역의 knowledge 를 바탕으로 합리적으로 판단하여 결정하는 것이 좋을 것이다.

그렇다 하더라도 분석자가 건건히 불용어를 제거하는 방식은 바람직 하지 않다. 특히 문서의 수가 많은 상황에서 많은 불용어를 하나 하나 제거해 나간다는 건 불가능에 가깝기 때문이다. 이러한 불편함을 해소하기 위해서 미리 정의되어 있는 불용어사전을 활용하도록 한다.

불용어 사전이란 한국어 테스트 데이터에서 제거할 필요가 있는 무의미하거나 불필요한 단어들을 미리 저장해 놓은 일종의 불용어 사전으로 여러 형태의 불용어 사전이 존재한다. 여기서는 가장 자주 시용되는 불용어 사전인 'stopword-ko.txt'를 이용하였다. 'stopword-ko.txt' 불용어 사전은 Github에서 다운받아 사용할 수 있다.

Github내 한글 불용어 시전의 링크를 참고하기 바란다(https://github.com/stopwords-iso/ stopwords-ko/tree/master).

```
#불용어 사전기반 불용어 리스트 정리
f = open(file_path + "stopwords-ko.txt", "r", encoding="UTF-8")
                    # UTF-8으로 저장된 한글 불용어 파일 읽어들여오기
st = f.readlines()
f.close()
st
```

프로그램 4.10 불용어 사전 불러오기

[프로그램 4.10]은 Github에서 다운받아 저장한 불용어 사전을 불러오는 과정이다. 먼저 불용어 사전을 불러온 후 출력해보면 [분석결과 4.12]와 같이 불용어들이 열거되어 있음을 확인할 수 있다. [분석결과 4.12]의 문자열을 보면 개행문자(줄바꿈, \n)이 존재하는데 이러한 불필요한 개행문자를 제거해야 한다.

```
[77]:  ['아\n',
        '휴\n',
        '아이구\n',
        '아이쿠\n',
        '아이고\n',
        '어\n',
        '나\n',
        '우리\n',
        '저희\n',
        '따라\n',
        '의해\n',
        '을\n',
        '를\n',
        '에\n',
        '의\n',
        '가\n',
        '으로\n',
        '로\n',
```

결과 4.12 불용어 사전 내용

[프로그램 4.11]은 불용어 오른쪽에 오는 특수문자를 제거하는 과정이다.

- rstrip('Str') : 인자로 전달된 문자를 문자열 우측의 첫 번째로 오는 문자열부터 차례로 삭제. 즉 문자열의 오른쪽 끝에 있는 개행문자('₩n')을 제거

- lstrip('Str') : 인자로 전달된 문자를 문자열 좌측의 첫 번째로 오는 문자열부터 차례로 삭제
- strip('Str') : 인자로 전달된 문자를 문자열 양측의 첫 번째로 오는 문자열부터 차례로 삭제

```
stw = []
for i in range(0, len(st)):
    stw.append(st[i].rstrip('\n')) # st리스트에서 '\n' 제거

stw
```

프로그램 4.11 불용어내 개행문자 제거하기

```
[78]: ['아',
       '휴',
       '아이구',
       '아이쿠',
       '아이고',
       '어',
       '나',
       '우리',
       '저희',
       '따라',
       '의해',
       '을',
       '를',
       '에',
       '의',
       '가',
       '으로',
       '로',
```

결과 4.13 개행문자를 제거한 불용어

결과 4.12]와 비교시 불용어의 우측에 있는 특수문자들이 깔끔하게 제거되었음을 확인 할 수 있다.

이제 불용어 사전에 추가로 '노인 부양'과 관련하여 불용어라고 판단되는 어휘들을 추가해 보고자 한다. 즉 기존 불용어 사전 외에 추가적으로 불용어라 판단되

는 어휘를 포함한 사전을 만들어 놓고 5.2.3절에서 형태소 분석결과 저장해 놓은 명사 리스트와 비교하여 제거하고자 하는 것이다.

```
# 사용자가 정의한 불용어 추가
user_stopwords =
['노인','부양','무자','양의','기초','노인학','계급','보험','고령',
                    '질문','재가','한국','세계','사회','가족','기준','서비스','장기',
                    '경제','바탕','국가','어르신','지역','생각','포함','사업','한부모',
                    '일상생활','국민','확인','우리나라','적용','위해','기본','수준',
                    '예방','방법','주택','기능','방안','진행','행위','등의','대한민국',
                    '내년','개념','모집','개선','자격증','대상자','자격','과제','토론',
                    '청주','감소','증가','대의','추천','자부','경우','게시판','을제',
                    '지금','본인','사람','연령','등급','활동','정부','지금','평균',
                    '일반','파일','을제','게시판','자의','더보','주간','기대','결과',
                    '통해','인가','자료','두레','포트','사이트','회원','다운','추가',
                    '완성','포인트','다운로드','충전','신규','제휴','작성','이벤트',
                    '저도','바우','해주','이래','링크','자가','해주시','등록','특례',
                    '네이버','구부','다이','이얼','마나','한일','서로','이다','현재',

'해서','댓글','하기','니다','이하','안녕하세요','해도','오늘','하면',

'카페','고맙습니다','이고','제가','내세','가요','만세','이노','때문',
                    '블로그','블로거','카페','만원','보내기'
                    ]

stw.extend(user_stopwords)

#모든 불용어를 csv파일로 저장
import csv

with open('불용어202403.csv','w') as file :
    write = csv.writer(file)
    write.writerow(stw)
```

프로그램 4.12 불용어를 추가하고 csv파일로 저장하기

[프로그램 4.12]의 불용어들은 '노인 부양' 키워드를 이용하여 여러 차례 반복 시행하면서 최종 결정된 것들이다. 순수하게 노인 부양관 관련된 내용을 보고자 했기에 일부 광고글이나 '노인 부양' 관련 서적 및 작가 소개 등에 나오는 단어들을 가급적 배제하려고 하였다. 그러다 보니 독자가 보기엔 왜 이런 어휘가 불용어인가 의문스러운 부분이 있을 수 있다. 관련 서적이나 노인 부양과 관련된 전문적인 글들로 판단되는 부분들에 대해 불용어로 처리했다는 점을 참고하기 바란다. 그러나 일반적으로 불용어를 너무 배제시키는 것은 오히려 순수한 SNS상의 텍스트 데이터를 이해하는데 지나친 간섭이 될 소지가 있으므로 주의하기를 바란다. 추가적인 불용어 여부는 연구자가 각자의 관심 또는 연구분야에서 상황이나 논리를 가지고 판단해야 하는 부분이기 때문에 정확하게 어디까지를 불용어로 처리할 것인가를 정의하는데는 어려운 부분이 있다. 불용어의 정의에 대해서는 이 정도에서 정리하기로 하자.

이제 토큰화로 추출한 각 문서의 명사리스트에서 불용어를 제거해야 한다. 즉, 본문내용에서 추출한 명사들(doc_token_noun), 문서 타이틀에서 추출한 명사들(title_token_noun) 그리고 문서 댓글의 명사들(comment_token_noun)에 대해 불용어와 비교하여 불용어에 해당하는 어휘들은 모두 제거하는 과정이 [프로그램 4.13] 이다.

```
for word in stw:
    for i in range(0, len(title_token_noun)):
        # 리스트에 불용어가 있을 경우 제거
        while word in title_token_noun[i]:
            title_token_noun[i].remove(word)
        while word in doc_token_noun[i]:
            doc_token_noun[i].remove(word)
        while word in comment_token_noun[i]:
            comment_token_noun[i].remove(word)

# 문서파일 docs로 적용하여 각각의 불용어 제거
docs['title_token_list_pos'] = title_token_list  # 형태소와 품사 리스트
docs['title_token_noun'] = title_token_noun       # 명사 리스트
```

```
docs['doc_token_noun'] = doc_token_noun
docs['doc_token_list_pos'] = doc_token_list
docs['comment_token_list_pos'] = comment_token_list
docs['comment_token_noun'] = comment_token_noun
```

프로그램 4.13 명사리스트와 불용어를 비교하여 불용어가 있을 경우 제외

```
import pickle
f = open(file_path + "total_doc.pkl", "wb")
pickle.dump(docs, f)
f.close()

f = open(file_path + 'total_doc.pkl', "rb")
data = pickle.load(f)
f.close()
```

프로그램 4.14 전처리가 완료된 본문의 명사 파일 저장 및 불러오기

전처리 과정의 마지막 단계로 정제된 각 명사 데이터 셋을 저장하는 과정이 남아있다. [프로그램 4.14]와 같이 최종 파일 저장 및 불러오기를 통해 문서 본문의 명사들을 token_doc_pkl로 저장하고 불러와 확인 해 봄으로써 전처리 과정을 모두 마무리 한다.

최종 저장된 파일의 앞부분과 마지막 부분을 보여주는 것이 [결과 4.14]이며 맨 아래 회색 버튼을 오른쪽으로 이동하면 저장된 모든 변수들(문서제목의 명사(title_token_noun), 댓글의 명사(comment_token_noun) 등등 을 확인 할 수 있다. 이상으로 크롤링 데이터의 모든 전처리 과정을 마무리 하기로 한다.

	title	doc	like	comment_cnt	comment_list	img	div	ch	ch2	title_token_list_pos	title_token_noun	doc_token_noun	doc_token_lis
0	그러나 맞벌이 부부 증가 핵가족화 산업화 수명 연장 등 다양한 변화로 인해 노인 부양은...	여태껏 가정 안에서 연로한 어르신을 돌봤습니다 그러나 맞벌이 부부 증가 핵가족화 산...	4	1	비밀 댓글입니다	0	0	naver	blog	[(그러나, MAJ), (맞벌이, NNG), (부부, NNG), (증가, NNG),...	[맞벌이, 부부, 증가, 핵가족, 산업화, 수명, 연장, 변화, 인해, 노인, 부양...	[가정, 연로, 어르신, 맞벌이, 부부, 증가, 핵가족, 산업화, 수명, 연장, 변...	[(여태껏, MAG) NNG), (안, NN 서, JK
1	심층 진단 저출산 해법 없나 미래 세대 노인 부양에 국가 존립 위협 총선 후 명운 걸고 ...	06명대 출산율내년 초고령사회 진입 저출산고령화에 시름2054년 노인부양률 OE...	<NA>	1	그런데도 퍼주지 못해 안달하는 당도 있으니 나중에는 죽거나 살거나 내가 알것없고 우...	2	0	naver	blog	[(심층, NNG), (진단, NNP), (저출산, NNP), (해법, NNG), ...	[심층, 진단, 저출산, 해법, 미래, 세대, 노인, 부양, 국가, 존립, 위협, ...	[출산, 내년, 고령, 사회, 진입, 저출산, 고령, 시름, 2054년, 노인, 부...	[(06, SN), (명, (대, NNB) NNG),
240	건강하게 오래 사는 생활 습관 6가지	건강하게오래 사는 생활 습관 6가지요즘은 단순히오래 사는 것보다는건강하게 장수한다는 ...	0	0		4	0	daum	cafe	[(건강, NNG), (하, XSV), (게, EC), (오래, MAG), (살, ...	[건강, 생활, 습관, 가지]	[건강, 생활, 습관, 가지, 요즘, 건강, 장수, 의미, 건강, 수명, 주목, 아...	[(건강, NN XSV), (게, EC) MAG),
241	무례 요코의 결국 왔구나	무례 요코의결국 왔구나 무례 요코김광한자식 다 키워서 이제 한숨 돌리나 했더니 앞으론...	0	0		6	0	daum	cafe	[(무, XPN), (례, NNP), (요, NNG), (코, NNG), (의, J...	[]	[나무, 김광한, 자식, 한숨, 앞으로, 부모, 카모, 식당, 재치, 시선, 가족,...	[(무, XPN), (례, (요, NNG), (코,

242 rows × 15 columns

결과 4.14 최종 저장된 데이터 파일 확인하기

4.3 연습문제

1. 3장에서 수집한 'MZ세대" 로 크롤링 한 데이터셋을 통합하라.

2. 다음의 전처리 과정을 수행하라.

> 1) 결측치 제거
> 2) 한글화 작업
> 3) 토큰화 및 형태소 분석
> 4) 불용어 모두 처리

3. 전처리가 끝난 데이터를 저장하고 일부 샘플을 출력하여 제대로 처리가 완료되었는지 체크하라.

4. 기타 전처리가 필요한 부분이 있으면 추가로 데이터를 정리하라.

제5장 텍스트 데이터 마이닝

5.1 명사별 상위 빈도

5.2 워드클라우드(Wordcloud)

5.3 TF-IDF(Term Frequency-Inverse Document Frequency)

5.4 K-평균 군집화

5.5 토픽 모델링

5.6 연습문제

5장. 텍스트 데이터 마이닝

5.1 명사별 상위 빈도

마이닝(mining)이란 '채광', '채굴'등의 뜻을 가지고 있으며 광부들이 광석을 캐내는 과정과 마찬가지로 데이터에서 의미 있는 가치를 캐내는 과정을 데이터 마이닝이라한다. 따라서 텍스트 데이터 마이닝(Text data mining)이란 텍스트 데이터 또는 자연어의 다양하고 정교한 분석을 통해 의미 있는 인사이트를 도출해 내는 일련의 분석 과정을 의미하는 것이다.

지금부터는 "친구 우정"이라는 키워드에 대해 3장과 4장의 일련의 과정을 거쳐 수집하여 정리한 데이터를 이용하고자 한다. 3장과 4장에서와 동일하게 네이버 블로그와 카페, 그리고 다음카페에서 "친구 우정"이라는 키워드를 가지고 웹크롤링을 하고 전처리, 형태소 분석, 불용어처리 등을 모두 마친 데이터는 total_friend_ data.pkl이다. 단 "친구우정"의 크롤링 기간은 2019년 7월 1일 ~ 2023년 7월 1일까지 5년간의 데이터를 수집한 것이다. 모든 전처리가 다 마무리된 데이터의 크기는 1,696rows×16columns이다. 그러다 보니 크롤링하는 시간도 오래걸리고 데이터의 양도 "노인 부양"에 비해 상당히 큰 데이터라는 것을 짐작할 수 있다. 3장과 4장에서는 독자들이 직접 크롤링하는 과정을 따라 오면서 학습할 것이기 때문에 짧은 기간의 데이터만을 수집하였다. 그러나 5장에서 다룰 텍스트 데이터 마이닝은 어느 정도 데이터의 크기가 있어야 실질적으로 의미있는 결과를 가져올 수 있어, 새롭게 "친구 우정" 이라는 키워드로 5년간의 데이터를 수집하여 정리한 것을 사용하고자 하는 것이다.

그렇다면 "노인 부양" 또는 "친구 우정"과 같은 크롤링 데이터를 통해 우리가 알고자 하는 것은 무엇일까? 궁금한 주제들을 시나리오 혹은 가설이라고 생각하고 주요 가설들을 열거해 보자면 다음과 같이 생각해 볼 수 있을 것이다.

가설 1 : '친구 우정' 과 관련하여 포탈사이트의 블로그나 카페에서 자주 사용되는 어휘들은 무엇일까? 즉 SNS 상에서 사람들은 '친구우정'에 대해 어떤 단어들을 자주 사용하며 관심을 가지는 것일까 하는 것이다.

가설 2 : 많은 문서에서 사용된 어휘들 또한 무수히 많은데 이 어휘들을 한 눈에 파악할 수 있는 방법은 무엇일까?

이 두 가지 가설의 궁금증을 한 번에 해결할 수 있는 것이 텍스트 데이터에 대한 시각화이다. 데이터의 시각화는 정형데이터, 혹은 텍스트 데이터와 같은 비정형 데이터의 패턴 혹은 분포를 탐색적으로 파악하기에 가장 좋은 툴 이라 할 수 있다. 물론 텍스트 데이터의 경우 탐색적 수치요약 방법으로 문서 전체의 본문에 사용된 어휘들의 빈도 등을 계산하여 상위빈도부터 나열하여 제시할 수는 있지만, 유니크한 어휘들이 너무 많기 때문에 이러한 빈도분석은 효과적으로 전체 결과를 한 눈에 파악하기에는 한계가 있다.

가설 1과 가설 2의 궁금증을 동시에 해결할 수 있는 방법이 텍스트 데이터의 대표적 시각화 방법인 워드클라우드(word cloud)이다. 워드클라우드는 문서의 키워드 등을 직관적으로 파악 할 수 있도록 핵심단어를 시각적으로 돋보이게 하는 방법이다. 단어의 빈도에 따라 글자의 크기와 색상이 다르게 표현되기 때문에 어떤 단어가 문서에서 가장 많이 사용되었는지를 한눈에 파악하는데 큰 도움이 된다.

'친구 우정'에 대한 워드클라우드 작업을 시작하기 위해서는 저장된 최종 데이터 파일을 이용하여 명사별 상위빈도를 구해야 한다. 즉 워드클라우드를 표현하는 방식중에 가장 많이 사용되는 방식이 단어별 출현 빈도를 바탕으로 시각화 하는 것이다. 본 절에서는 문서의 제목과 본문내용, 그리고 댓글 각각에 대한 워드클라우드 분석을 위해 각 각의 명사 리스트를 가져와 명사별 상위빈도를 구하는 과정을 진행한다.

[프로그래 5.1]을 살펴보면 먼저 반복 작업을 실행하는 데 필요한 메서드들을 제공해주는 itertools 모듈을 임포트한다. itertools 모듈에는 순열(Permutations), 조합(Combinations), 무한 반복(Count, Cycle) 등을 다루는 함수들이 포함되어 있다. [프로그램 5.1]은 문서제목에 해당하는 전체 명사 리스트를 가져오는 프로그램과 그 결과이다. 문서제목, 본문, 그리고 댓글에 대한 리스트를 만드는 과정이다. 사용된 어휘들의 일부 출력결과도 함께 볼 수 있다. 동일한 방식으로 문서의 본문과 댓글에서 사용된 어휘들의 명사 리스트를 만드는 과정은 [프로그램 5.1]과 같다. [프로그램 5.1]의 결과 각 각의 제목(title_noun), 본문(doc_noun), 댓글(comment_noun)을 출력한 일부는 [결과 5.1]과 같다. 즉 "친구 우정"과 관련된 각 각의 키워드들이 나열되는 것이다.

```
f = open(file_path + 'total_freind_data.pkl', "rb") #데이터 불러오기
data = pickle.load(f)
f.close()
data

#import itertools          #문서 전체의 명사리스트 확보
#제목 리스트 언패킹
title_noun = list(itertools.chain(*data['title_token_noun']))
title_noun

#본문 리스트 언패킹
doc_noun = list(itertools.chain(*data['doc_token_noun']))
doc_noun

#댓글 리스트 언패킹
comment_noun = list(itertools.chain(*data['comment_token_noun']))
comment_noun
```

프로그램 5.1 문서 제목에 대한 명사 리스트 만들기

제목(title_noun)	본문(doc_noun)	댓글(comment_noun)
['싱가포르',	['동남아',	: ['업무',
'여행',	'필리핀',	'만남',
'숙소',	'여행',	'허락',
'샹그릴라',	'호텔',	'남편',
'라사',	'여행',	'이곳저곳',
'센토사',	'소개',	'추억',
'남포동',	'동남아',	'모습',
'사진관',	'필리핀',	'대의',
'만삭',	'자연',	'시절',
'사진',	'경관',	'주마등',
'개월',	'날씨',	'여건',
'육아',	'비티',	'가능',
'일기',	'유명한',	'지속',
'어린이집',	'인기',	'건강',
'촬영',	'여행지',	'모습',
'양양',	'수영',	'박사',
'여행',	'스노',	'부부',

결과 5.1 제목, 본문, 뎃글에 해당하는 키워드 리스트 결과 일부

이렇게 만든 명사 리스트를 이용하여 상위빈도를 갖는 어휘들을 확인해보자. 문서의 제목, 문서 본문 내용, 댓글 모두 동일한 과정이니 여기서는 문서의 본문 내용을 중심으로 설명하도록 하겠다.

```
from collections import Counter
doc_count = Counter(doc_noun) #리스트 원소의 개수가 계산됨
doc_top = dict(doc_count.most_common(100)) # 상위 100개 출력하기
doc_top
```

프로그램 5.2 문서의 본문내용에 대한 상위 빈도 100개의 어휘 출력하기

[프로그램 5.2]는 문서내용 중 출현하는 어휘들의 빈도를 구하고 빈도가 가장 높은 상위 100개 단어를 출력하는 과정이다. [프로그램 5.2]에서 상위빈도의 단어들을 확인하기 위해 collections 모듈에 있는 Counter 클래스를 사용하였다. 그리고 count.most_common(k)함수를 통해 빈도가 많은 순으로 정렬한 k개(100개)의 단어를 출력하였다. [결과 5.2]를 살펴보면 가장 빈도가 많은 어휘들은 '사진', '촬영', '사진관', '선물', '여행', '추억'으로 나타나고 있어 "친구 우정"과 관련된 SNS상의 블로그나 카페글의 본문에서 가징 많이 사용되고 있는 이휘

들로 이해 할 수 있다. 댓글에 대해서도 같은 방식으로 진행해주면 된다. 댓글의 경우는 각 문서별로 댓글 자체가 많지 않고 댓글 문장이 간결하여 어휘들의 빈도가 많지 않음을 확인 할 수 있다. 문서 제목에 대한 상위빈도를 구하는 프로그램과 그 결과는 각 각 [프로그램 5.3], [결과 5.3]과 같다.

```
{'사진': 473,
 '촬영': 238,
 '사진관': 165,
 '선물': 136,
 '여행': 101,
 '추억': 92,
 '아트': 91,
 '모습': 90,
 '시작': 74,
 '그림': 72,
 '영화': 71,
 '재생': 68,
 '체험': 59,
 '수상': 59,
 '사용': 59,
 '사이': 57,
 '이해': 57,
 '진행': 56,
 '커플': 55,
 '해주': 54,
 '카페': 54,
 '거리': 53,
 '준비': 53,
 '감정': 53,
```

결과 5.2 본문내용에 대한 상위 빈도 100개 중 일부

```
title_count = Counter(title_noun) #리스트 원소의 개수가 계산됨
title_top = dict(title_count.most_common(100)) # 상위 100개 출력하기
title_top
```

프로그램 5.3 문서제목에 대한 상위 빈도 100개의 어휘 출력하기

```
comment_count = Counter(comment_noun) #리스트 원소의 개수가 계산됨
comment_top = dict(comment_count.most_common(100)) # 상위 100개 출력하기
comment_top
```

프로그램 5.4 댓글에 대한 상위 빈도 100개의 어휘 출력하기

```
{'사진': 309,
 '반지': 152,
 '여행': 143,
 '촬영': 103,
 '사진관': 80,
 '선물': 45,
 '추억': 40,
 '팔찌': 38,
 '스냅': 37,
 '공방': 33,
 '지기': 24,
 '영화': 22,
 '체험': 21,
 '포인트': 21,
 '대전': 20,
 '진정': 18,
 '대구': 18,
 '박일': 17,
 '영어': 17,
 '가족': 17,
 '관련': 17,
 '목걸이': 17,
 '글귀': 16,
```

결과 5.3 문서제목에 대한 상위 빈도 100개중 일부

```
{'사진': 32,
 '건강': 20,
 '정성': 15,
 '반지': 13,
 '추억': 12,
 '주말': 11,
 '선물': 11,
 '모습': 10,
 '느낌': 10,
 '가격': 10,
 '여행': 10,
 '감동': 10,
 '시아': 10,
 '편안': 9,
 '기억': 8,
 '날씨': 8,
 '관심': 7,
 '기분': 7,
 '저녁': 7,
 '인생': 7,
```

결과 5.4 문서제목에 대한 상위 빈도 100개중 일부

이제 각 각(본문내용, 제목, 댓글)의 상위 빈도에 해당하는 100개의 어휘를 데이터 파일로 저장하도록 하자. [프로그램 5.5]의 with open() 구분은 문서의 본문에

해당하는 상위 100개 어휘별 빈도수를 'doc_top.csv' 파일로 저장한 후 오픈한다는 의미이다. csv.writer()는 리스트 형태인 데이터 'f'를 받아서 각 행(row)를 쉼표로 구분된 문자열 형태(string)로 만든다. 즉 리스트 형태의 데이터를 csv 형태로 저장하라는 의미이다. w.writerrow([k, v])는 k와 v를 새로운 행으로 쓰게 된다.

```
# 제목별 빈도수 저장
with open(file_path + '\\title_top.csv','w') as f:
    w = csv.writer(f)
    for k, v in title_top.items():
        w.writerow([k, v])

# 본문별 빈도수 저장
with open(file_path + '\\doc_top.csv','w') as f:
    w = csv.writer(f)
    for k, v in doc_top.items():
        w.writerow([k, v])

# 댓글별 빈도수 저장
with open(file_path + '\\comment_top.csv','w') as f:
    w = csv.writer(f)
    for k, v in comment_top.items():
        w.writerow([k, v])
```

프로그램 5.5 상위 빈도의 해당하는 100개 어휘를 csv파일로 저장하기

5.2 워드클라우드(Wordcloud)

이제 본격적으로 워드클라우드를 그려보자. 워드클라우드를 표현하기 위해 필요한 라이브러리는 "wordcloud"이다.

```
from wordcloud import WordCloud  # 워드클라우드 생성을 위한 모듈
import matplotlib.pyplot as plt  # 데이터 시각화를 위한 모듈

# 본문 워드 클라우드
wordcloud = WordCloud(font_path = file_path + 'nanum-gothic\\NanumGothic-Bold.ttf',
                background_color = 'white', colormap = "Accent", width = 600,
                        height = 400).generate_from_frequencies(doc_top)
plt.figure(figsize=(12,8))   # width , height 비율
plt.imshow(wordcloud)          # 이미지 표시 옵션
plt.axis('off')              # 축 눈금 제거
plt.show()
```

프로그램 5.6 워드 클라우드 그리기

[프로그램 5.6]에서 워드 클라우드를 생성하기 위한 "WordCloud"모듈과 데이터 시각화를 위한 "matplotlib"이 필요하다. 상위 빈도 100개 명사들의 워드 클라우드를 그리기 위해서는 그림내 표현될 한글의 글자폰트를 지정해주어야 한다. 그런데 한글의 경우 아무 폰트나 사용 할 수 없고 한글을 지원하는 폰트를 사용해야한다. 워드클라우드에서 사용할 수 있는 한글폰트는 나눔(Nanum), 고딕(Gothic), 바탕(Batang) 폰트이다. 이러한 나눔, 고딕 폰트는 네이버에서 제공하는 무료폰트를 다운받아 사용할 수 있다. 네이버 검색창에서 나눔고딕폰트 라고 검색한 후 네이버 글꼴 모음(hangeul.naver.com/font)으로 들어가면 다운 받을 수 있다. [프로그램 5.7]의 워드클라우드 함수의 사용형태는 다음과 같다.

wordcloud=WordCloud().generate_from_frequencies(doc_top)

즉 doc_top의 빈도를 바탕으로 워드클라우드를 생성하라는 것이다. 이제 WordCloud()를 살펴보면 'font_path=' 로 한글폰트가 있는 경로와 파일명을 지정해 준다. 그리고 워드클라우드를 그릴 때 표현하고자 하는 색상을 지정하는 옵션으로 matplotlib에서 제공하는 'colormap'을 사용하였다. 'colormap'은 데이터의 값을 색상으로 표현하도록 하는 칼라 파레트이다. 'colormap'은 상당히 많은 색상파레트가 옵션으로 존재한다. 참고로 [프로그램 5.7]은 'colormap'의 종류들을 확인하는 프로그램이며 [결과 5.7]은 그 중에서 일부 칼라 옵션만을 제시하였다. [프로그램 5.6]에서는 colormap="Accent"를 사용하였다. Matplotlib에서 다양한 'colormap'을 지원하니 아래 사이트를 참고하여 이름과 색상배열을 보고 사용자가 원하는 칼라옵션을 골라 사용하면 된다(https://matplotlib.org/3.1.0/tutorials/colors/colormaps.html).

```
import matplotlib.pyplot as plt
from matplotlib import cm
c_maps=plt.colormaps()
for cm in c_maps:
    print(cm)
```

프로그램 5.7 matplotlib의 다양한 colormap 색상 확인하기

```
magma
inferno
plasma
viridis
cividis
twilight
twilight_shifted
turbo
Blues
BrBG
BuGn
BuPu
CMRmap
GnBu
Greens
Greys
OrRd
```

결과 5.7 matplotlib의 다양한 colormap 색상 확인하기

그림 5.1 친구 우정에 대한 문서내용의 워드 클라우드 결과

'친구 우정'에 대한 네이버의 블로그와 카페, 그리고 다음의 카페 문서 본문에서 사용된 상위 100개 단어들에 대한 워드클라우드 결과는 [그림 5.1]과 같다. '사진', '촬영', '사진관', '선물', '여행', '추억', '아트', '그림', '시작', '모습', '영화' 등의 단어들을 많이 사용한다는 것을 알 수 있다.

동일한 방법으로 문서제목과 댓글에 사용된 상위 빈도 100개의 단어들을 나타낸 워드 클라우드 결과는 [그림 5.2], [그림 5.3]과 같다. 제목은 본문내용과 비슷한 어휘들이 주로 많이 사용되는 것을 볼 수 있다. 지극히 상식적인 것이라 볼 수 있다. 반면 댓글을 작성하는 주체는 제 3자이며, 이 경우는 댓글에서 주로 드러나는 어휘들이 '사진', '건강', '정성', '추억', '반지', '주말', '선물', '모습', '감동' 등 더 다양한 유형의 어휘들이 포함되어 있음을 알 수 있다.

그림 5.2 문서제목에 대한 워드클라우드

그림 5.3 댓글에 대한 워드클라우드

5.3 TF-IDF(Term Frequency-Inverse Document Frequency)

텍스트 데이터(자연어 처리) 마이닝에서 앞의 5.2절처럼 단어의 상위 빈도들만을 고려할 경우 몇 가지 문제점이 존재한다. 먼저 단어의 빈도만을 고려하다 보니 본문에서 자주 등장하는 어휘들이 높은 가중치를 가지게 된다는 것이다. 예를 들어 특정 문장에 '사랑'이라는 단어의 빈도가 많은데, 본문의 문맥상 '증오'라는 어휘가 중요한 요소였다면 오히려 '증오'가 '사랑'에 묻혀버릴 수 있다. 즉 특정어휘가 많이 노출된다고 해서 본문에서 그 어휘가 중요하다고 보기 어려울 수 있다. 따라서 이런 경우 빈도기반의 워드클라우드가 본문의 내용을 제대로 표현했다고 보기 어려운 것이다. 또 다른 문제점은 문서의 길이에 따라 사용어휘의 중요도가 바뀔 수 있다는 것이다. 즉, 길이가 다른 두 문서에 대해 긴 문서에서는 특정어휘가 더 자주 등장 할 것이므로 그 어휘가 더 중요하다고 판단해 버리기 때문이다. 또한 여러 문서에서 특정 어휘가 자주 등장하는 경우 해당어휘가 문서간의 차이를 잘 나타내지 못할 수 있다. 이런 경우 특정 문서에서만 나타나는 중요한 어휘를 찾는데 어려움이 발생하기 때문이다.

따라서 이러한 여러 가지 문제점들을 해결하기 위해 TF-IDF 방법을 사용하고 있다. TF-IDF는 문서에서 각 어휘의 중요도를 나타내는 방법이다. TF-IDF는 단어의 빈도(TF: Term Frequency)와 역문서 빈도(IDF:Inverse Document Frequency)를 사용하여 문서단어행렬(DTM : Document-Term Matrix)을 구성하고 문서단어행렬내의 각 단어마다 중요한 정도를 가중치로 부여하는 방법이다. 주로 문서간에 단어의 중요도를 평가하고 그 중요도에 따라 텍스트 마이닝 등 여러 모델에 적용하기 위해 자주 사용되는 방법이며, 문서간에 유사도를 산정한다거나 검색 알고리즘을 사용해야 할 경우 검색결과의 중요도 순위를 정하는 작업 등에서도 사용될 수 있다.

먼저 TF와 IDF의 정의와 단어에 가중치를 부여하는 함수식을 알아보기로 하자.

· TF(Term-Frequency) : 한 문서 내에서 특성 단어가 출현하는 빈도수

· DF(Document Frequency) : $DF(t)$ 는 특정 단어 t 가 포함된 문서의 수

· IDF(Inverse Document Frequency) : $IDF(d, t)$, 여기서 d는 문서, t는 단어. 역문서 빈도라고 하며 문서집합에서 전체 문서수를 특정단어가 출현하는 문서의 수로 나눈값으로 특정단어가 나타나는 문서수의 역수

$$IDF(d,t) = \log\left(\frac{N}{1+\text{단어 }t\text{를 포함한 문서 수}}\right) = \log\left(\frac{N}{1+DF(t)}\right)$$

· TF-IDF : TF와 IDF 두 값을 곱한 값을 의미

$$TF-IDF(d,t) = TF \times IDF(d,t)$$

즉, 이렇게 정의된 TF-IDF는 어떤 단어가 해당문서에는 자주 등장하지만 다른 문서에서의 출현빈도가 적을수록 큰 값을 가지게 된다. 이제 문서단어 행렬(DTM)을 살펴보자.

· DTM(Document Term Matrix) : 문서단어행렬은 다수의 문서에서 등장하는 각 단어들의 빈도를 행렬로 표현한 것으로 각 문서에 대한 Bow(Bag-of-Words, 단어주머니)를 행렬로 나타낸 것임

여기서 BoW는 문서를 단어들의 가방으로 보고 개별 단어들의 등장만을 표현하는 텍스트 데이터의 한 방법이다. 예시를 통해 BoW와 DTM을 보다 자세히 알아보도록 하자. 다음과 같은 BoW가 있다고 생각해보자 네 개의 문서가 있는 BoW로부터 도출된 DTM은 [표 5.1]과 같고 바로 이것이 TF가 된다.

문서1 : 순하고 귀여운 푸들 푸들
문서2 : 잘생기고 날씬하고 귀여운 골든리트리버
문서3 : 날씬하고 귀여운 푸들
문서4 : 나는 귀여운 동물을 좋아해

표 5.1 문서단어행렬(DTM) =TF

	순하고	귀여운	잘생기고	날씬하고	나는	푸들	골든리트리버	동물을	좋아해
문서1	1	1	0	0	0	2	0	0	0
문서2	0	1	1	1	0	0	1		
문서3	0	1	0	1	0	1	0	0	0
문서4	0	1	0	0	1	0	0	1	1

예를 들어 특정 블로그 게시글에서 '사랑' 이라는 단어가 해당 글에 사용된 전체 단어 수 대비 많은 빈도로 사용 되었다고 하자. 그리고 전체 문서에서도 '사랑'이라는 단어를 사용한 문서의 수가 많다면 '사랑'은 상대적으로 낮은 TF-IDF 가중치가 부여된다. 즉 '사랑'이라는 단어가 어느 문서에서나 자주 나온다고 볼 때 상대적인 중요도가 낮다고 판단하는 것이다. 반면 '변절'이라는 단어가 특정문서에서 사용된 전체 단어 수 대비 상대적으로 많이 출현하는데 반해 전체문서 수 중 '변절'이라는 단어를 사용한 문서가 일부라면 '변절'이라는 단어는 상대적으로 가중치가 큰 TF-IDF 값을 갖게 되는 것이다. 결론적으로 '사랑'이라는 단어는 많은 문서에서 자주 등장하는 만큼 상대적으로 중요도가 낮다고 보는 것이며 '변절'이라는 단어는 다른 문서에서 출현 빈도가 매우 낮으나 해당문서에서는 그 만큼 중요한 의미를 갖는다는 측면에서 더 높은 가중치를 갖는 것으로 해석할 수 있다. 이제 [표 5.1]로부터 TF-IDF를 산출해 보도록 하자.

표 5.2 IDF(Inverse Document Frequency)

단어	IDF
순하고	log(4/(1+1)) = 0.6931
귀여운	log((4/(1+4)) = −0.2231
잘생기고	log(4/(1+1)) = 0.6931
날씬하고	log(4/(1+2)) = 0.2876
나는	log(4/(1+1)) = 0.6931
푸들	log(4/(1+2)) = 0.2876
골든리트리버	log(4/(1+1)) = 0.6931

동물을	log(4/(1+1)) = 0.6931
좋아해	log(4/(1+1)) = 0.6931

[표 5.1]의 TF와 [표 5.2]의 IDF를 통해 구해진 TF-IDF는 [표 5.3]과 같다. 4개 문서 전체에 '귀여운'이란 단어가 모두 등장하지만, '귀여운'은 다른 단어들에 비해 중요도가 낮다는 것을 확인 해 볼 수 있다.

표 5.3 TF-IDF 결과

TF(d,t)	문서1	문서2	문서3	문서4
순하고	0.6931	0	0	0
귀여운	-0.2231	-0.2231	-0.2231	-0.2231
잘생기고	0	0.6931	0	0
날씬하고	0	0.2876	0.2876	0
나는	0	0	0	0.6931
푸들	0.5752	0	0.2867	0
골든리트리버	0	0.6931	0	0
동물을	0	0	0	0.6931
좋아해	0	0	0	

이제 앞의 5.2절로 돌아가서 '친구우정'에 대한 TF-IDF를 Python으로 계산하는 과정을 [프로그램 5.8]을 통해 알아보기로 하자. 먼저 TF-IDF 값의 계산을 위해 각 단어들로 구성된 문자열(str)을 만든다. 그리고 scikit-learn(sklearn) 라이브러리에서 제공하는 TfidVectorizer를 사용하여 TF-IDF행렬을 산출한다. 이 때 min_df=0.01과 max_df=0.95로 지정하여 전체 문서에서 최소 1% 이상의 문서에 나타나거나 최대 95% 이내의 문서에서 나타나는 단어들을 대상으로 TF-IDF를 구하도록 하였다. 즉 너무 희박하게 나타나거나 습관적으로 과도하게 나타나는 단어들은 제외하고자 함이다.

```
#TF-IDF 계산을 위해 명사들의 문자열 구성
doc_noun = []
for i in range(0,len(data['doc_token_noun'])):
    doc_noun.append(' '.join(data['doc_token_noun'][i]))

#텍스트 문서 모음을 단어 tf-idf 행렬로 변환
from sklearn.feature_extraction.text import TfidfVectorizer
vec_y = TfidfVectorizer(min_df = 0.01, max_df=0.95)
#문서의 1%~95%로 나타나는 단어들을 고려.
Y = vec_y.fit_transform(doc_noun)
```

프로그램 5.8 단어를 이용한 TF-IDF 계산 과정

```
print(Y)

  (9, 20)       0.13544583206392055
  (9, 104)      0.1366245532392928
  (9, 2)        0.1366245532392928
  (9, 120)      0.11365010752336459
  (9, 31)       0.12933528332082905
  (9, 108)      0.1366245532392928
  (9, 111)      0.12159754265192667
  (9, 95)       0.13025676435856243
  (9, 10)       0.13121302637076837
  (9, 7)        0.11846542015623356
  (9, 117)      0.1366245532392928
  (9, 99)       0.1366245532392928
  (9, 67)       0.13544583206392055
  (9, 74)       0.8816631141540249
  (13, 66)      0.05503035188314217
  (13, 129)     0.0580292385623434
  (13, 1)       0.05906388448086981
  (13, 21)      0.05503035188314217
  (13, 65)      0.05853423964832648
  (13, 6)       0.05853423964832648
  (13, 4)       0.05238569635943799
  (13, 53)      0.054306379285801246
  (13, 60)      0.05906388448086981
  (13, 39)      0.17264006860013012
  (13, 55)      0.052988938529461016
  :     :
```

결과 5.8 단어를 이용한 TF-IDF 계산 결과 일부

[프로그램 5.8]의 결과를 출력하면 [결과 5.8]과 같다. [결과 5.8]을 해석해 보도록 하자. 첫 번째 줄에 해당하는 (9, 20) 0.13544의 의미는 전체문서(1696개) 중 10번째 문서(인데스9)의 TF-IDF에서 매핑된 21번째 단어(인덱스 20)에 해당하는 TF-IDF값이 0.13544라는 것이다.

$IDF(d, t)$: (9, 20)	0.1354458...
(문서의 인덱스, 단어의 인덱스)	TF-IDF

독자들은 문서의 제목과 댓글에 대해서도 앞과 동일한 방식으로 TF-IDF를 구해 볼 수 있을 것이다.

5.4 K-평균 군집화

이제 문서 본문의 주요 단어들을 바탕으로 '친구 우정'의 데이터들에서 숨겨진 어떤 패턴 혹은 특징들을 구조화하고 유사한 패턴끼리 군집화를 해 보기로 한다. 자연어처리 혹은 텍스트 데이터 마이닝의 핵심 내용 중의 하나는 이러한 텍스트들에서 유사한 특징이나 패턴들을 찾아내고 그 패턴이 어떤 특징을 갖는지를 파악하고자 하는데 있다. 이를 위해서는 목표변수를 가지고 있지 않는 비지도학습(Unsupervised learning)의 대표적인 방법론인 군집분석을 시행하는 것이다. 군집분석이란 목표변수 또는 타겟변수가 없을 때 주어진 데이터들의 패턴을 통해 유사 특징, 혹은 서로 가까운 거리에 있는 데이터들을 동일 그룹으로 군집화 하는 방법이다. 여기서는 이러한 군집분석 방법 중 가장 대표적인 K-평균 군집화(K-Means Clustering)를 실시할 것이다. 이러한 군집분석은 사용자의 경험을 기반으로 상품을 추천하는 추천 알고리즘(recommendation algorithm)이나 뉴스의 주제 또는 특정 검색결과 등을 군집화 하는 검색 알고리즘(search algorithm), 그리고 인구통계 데이터나 지역, 고객의 행태(customer behavior)나 라이프스타일 등에 따른 시장 세분화(market segmentation) 등 다양하게 사용되는 방법론이다.

먼저 K-평균 군집화 알고리즘의 개념을 살펴보기로 한다. K-평균 알고리즘(K-Means algorithm)은 다음과 같은 순서로 진행된다.

1] 주어진 데이터집합에서 임의로 K개의 중심점을 지정한다.

2] 각각의 개별 데이터들을 그들로부터 가장 가까운 거리에 있는 중심점이 있는 그룹으로 할당한다. 이 때 두 객체 a, b의 가장 가까운 거리는 유클리디안 거리(euclidian distance)를 사용한다.

$$euclidan\ distance = \sqrt{(a_1 - b_1)^2 + (a_2 - b_2)^2 + \cdots + (a_n - b_n)^2}$$

3] 2]의 결과를 바탕으로 다시 모인 데이터들의 새로운 중심점을 지정한다.

4] 그리고 2], 3]번의 단계를 그 중심점이 수렴이 될 때까지, 즉 군집 중심의 변화가 거의 없을 때까지 반복한다.

이러한 K-평균 알고리즘은 새로운 줌심점으로부터 개별거리들의 오차제곱합이 최소가 되도록 할당하는 과정이며 [그림 5.4]를 통해 보다 쉽게 이해 할 수 있을 것이다.

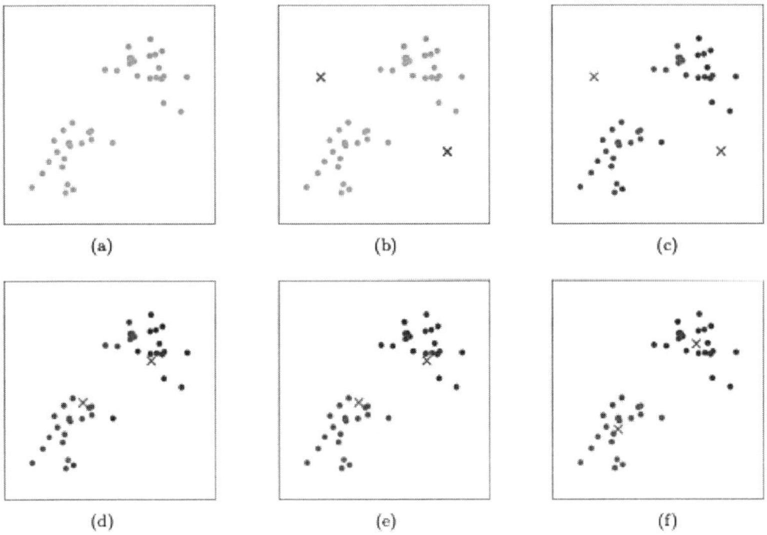

그림 5.4 K-평균 알고리즘

(인용 : https://stanford.edu/~cpiech/cs221/handouts/kmeans.html)

이제 예제로 돌아가서 K-평균 알고리즘을 적용해 보기로 한다. 즉 '친구 우정'의 단어 집합에서 K-평균 군집화를 통해 어떠한 단어들이 서로 동질의 군집으로 모이고, 또한 최적의 군집 수는 몇 개인지 등을 확인하고자 하는 것이다. [프로그램 5.9]는 5.3절에서 구한 문서 본문 데이터의 TF-IDF 값을 바탕으로 최적의 군집수를 구하는 과정이다. 프로그램에서 엘보우(elbow)란 K-평균 군집화에서 최적의 군집수를 구하는 방법 중의 하나로 군집의 갯 수에 따른 손실함수를 측정한 결과를 플롯으로 제시한 것이다. [프로그램 5.9]의 결과로 나타난 엘보우 결과가 [그림 5.5]이며, K 군집수와 SSE(오차제곱합 또는 손실함수)에 대한 시각화를 볼 수 있다. 플롯에서 급격하게 기울기가 꺽이는 부분의 지점을 K값으로 결정하는 방법이며 기울기가 급격히 떨어지는 것을 팔꿈치처럼 꺽인다 하여 엘보우 기법이라 부른다. 대체로 군집의 수가 증가함에 따라 손실값은 감소하나 어느 시점 이후로 손실의 감소폭이 급격하게 줄어드는 지점을 찾아 K로 선정하면 된다. 이 경우에는 군집의 수를 K=2 또는 6정도로 보는 것이 타당해 보이는 것 같다.

```
import matplotlib.pyplot as plt
from sklearn.cluster import KMeans
def elbow(X):
    sse = []

    for i in range(1,10):
        km = KMeans(n_clusters=i, algorithm='auto', random_state=0)
        km.fit(X)
        sse.append(km.inertia_)
        print(i)
    plt.plot(range(1,10), sse, marker='o')
    plt.xlabel('K')
    plt.ylabel('SSE')
    plt.xticks(range(1,10))
    plt.show()
elbow(X)
```

프로그램 5.9 K-평균 군집분석

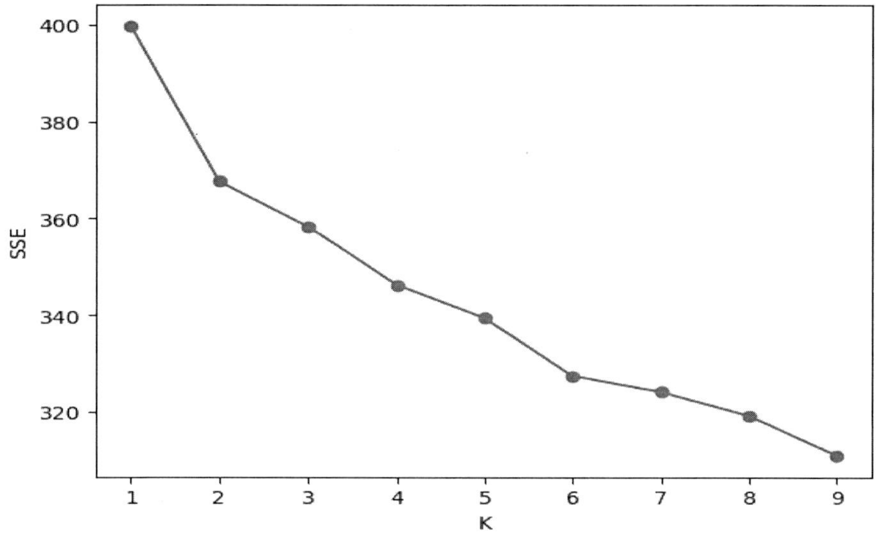

그림 5.5 최적의 K를 찾기 위한 엘보우 플롯

[그림 5.5]로부터 최적의 클러스터 수를 K=2로 선정하였다면 각 군집별로 어떤 단어들이 구성되어 있는지를 확인해 보자. [프로그램 5.10]은 각 군집별(K=2)로 주요 50개 단어를 출력하는 과정이다.

```
model_y = KMeans(n_clusters=2, algorithm='auto', random_state=0)
model_y.fit(Y)

print("Doc Top terms for each cluster")
order_centroids = model_y.cluster_centers_.argsort()[:, ::-1]
terms_y = vec_y.get_feature_names_out()
for i in range(2):
    print("Cluster %d:" % i)
    for ind in order_centroids[i, :50]:
        print('%s' % terms_y[ind])
    print('\n')
```

프로그램 5.10 군집 수 k=2 일 때의 각 군집별 주요 50개 단어 출력

Cluster0	Cluster1
여행	사진
반지	촬영
영화	사진관
접속	추억
해주	포즈
시작	이미지
선물	더보
모습	준비
그림	거리
사용	해주
이해	배경
학년	모습
이름	영상
사이	작가
카페	시도
인생	예약
체험	국가

결과 5.9 본문에 대한 군집별 단어 일부

만일 [그림 5.5]로부터 군집의 수를 K=6으로 생각해 본다면 같은 방식으로 진행한 후 군집된 단어들의 형태를 비교해 보면 된다. 군집별 단어들의 형태는 워드 클라우드 시각화를 통해 비교해 볼 것을 추천한다.

5.5 토픽 모델링

토픽모델링(Topic modeling)이란 텍스트 데이터(본 교재의 사례처럼 텍스트 문서)의 집합으로부터 특정 토픽 또는 주제와 관련있는 단어들을 찾아내는 통계적 모델링의 한 방법이다. 즉 토픽모델링은 방대한 텍스트 데이터 집합으로부터 어떤 의미있는 행태를 찾아내고, 그 의미있는 행태의 특징을 토픽 또는 주제라고 표현하여 어떤 특징을 가지고 있는지를 보고자 것이다. 이러한 토픽모델링의 대표적인 방법은 LDA(Latent Dirichlet Allocation, 잠재 디리클레 할당)이다. LDA는 이산 자료(discrete data) 들에 대한 확률적 생성모형으로, 문서내의 잠재적인 의미 구조를 파악하는 방법으로 TF-IDF, LSI(Latent semantic indexing, 잠재 의미 분석), LDA 등으로 발전되어 왔다. 이러한 LDA를 수행하기 위해서는 몇 가지 가정이 전제된다. 첫째 단어의 교환성(exchangeability)

혹은 BoW(bag of words, 단어 주머니)이다. 교환성이란 문서에서 나오는 단어들의 순서는 신경 쓰지 않고 문서 내에 단어들의 존재 유무만을 고려하는 것이다. 단어의 순서를 무시하기 때문에 문서 내에서 단어의 빈도수만으로 표현이 가능하다. 이러한 가정하에 문서와 단어들간의 교환성을 포함하는 혼합모형을 제시한 것이 바로 LDA이다. 이러한 교환성은 한 단어(1-gram)만이 아니라 여러 단어들의 묶음을 한 단위로 고려하는 n-gram으로도 확장 시킬 수 있다.

그렇다면 LDA모델의 수리적 구조를 자세히 이해 해 보기로 하자. 먼저 다음과 같이 M, N, k, V, D 를 정의하자.

M : 주어진 문서의 수,
N : 주어진 문서 내에서의 단어 수,
k : 토픽(주제) 수,
V : 단어 집합의 크기이며 단어벡터 w는 V-벡터로 표현,
여기서 $\boldsymbol{w} = (w_1, \cdots, w_N)$ 는 일련의 N개 단어들로 구성된 문서,
$D = \{\boldsymbol{w}_1, \cdots, \boldsymbol{w}_M\}$, 즉 D 는 말뭉치(corpus)

라고 할 때 LDA는 말뭉치(corpus)들의 생성확률모형으로 각 각의 문서 $\boldsymbol{w}$ IND 에 대해 다음과 같이 가정한다.

Assumption1. $N \sim Poisson(\xi)$, 여기서 ξ는 포아송 분포의 평균
Assumption2. $\theta \sim Dir(\alpha)$, 여기서 θ는 k차원 벡터이며 θ_i는 문서가 i번째 토픽에 속할 확률분포
Assumption3. N단어의 w_n 각 각에 대하여 $z_n \sim Multinomial(\theta)$, 여기서 z_n은 k차원 벡터이며 z_n^i 는 w_n이 i번째 토픽에 속할 확률 z_n이 주어졌을 때, w_n은 조건부 확률인 $p(w_n \mid z_n, \beta)$을 따름

여기서 난어 확률은 $k \times V$ 크기의 행렬 β로 매개변수화 되며, β_{ij}는 i번째 토픽

이 단어집의 j번째 단어를 생성할 확률이다.

Assumption1~3은 각 문서에 대해 k개의 토픽에 대한 가중치 θ가 존재하고, 문서내의 각 단어 w_n은 k개의 토픽에 대한 가중치 z_n을 가지게 되며, 실제 단어 w_n이 z_n이 주어졌을때의 조건부 확률을 따른다는 것이다.

잠재변수 α, β가 주어졌을 때, $\boldsymbol{w}$에 대한 결합분포(joint distribution)은 다음과 같다.

$$p(\theta,\ z,\ \boldsymbol{w} \mid \alpha, \beta) = p(\theta \mid \alpha) \prod_{n=1}^{N} p(z_n \mid \theta) p(w_n \mid z_n, \beta),$$

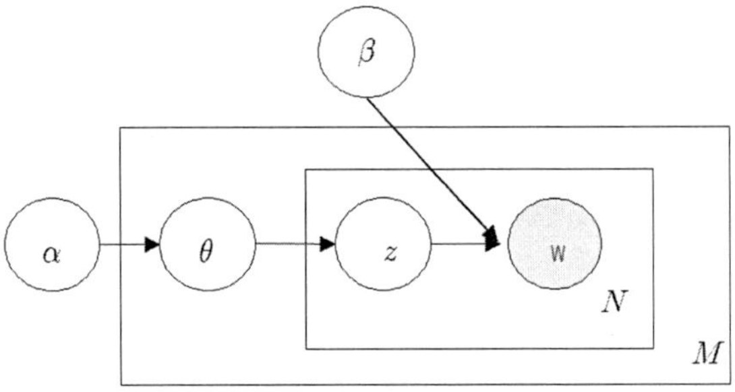

여기서 z_n과 θ를 모두 합쳐 문서의 주변 분포(marginal distribution)을 구 할 수 있다. 이 때 디 피네치의 정리(de Finetti's theorem)에 따라 단어가 문서 내에서 교환성을 가진다는 것을 알 수 있다. [그림 5.5] LDA 모델의 그래프 도식

$$p(\boldsymbol{w} \mid \alpha, \beta) = \int p(\theta \mid \alpha) \left(\prod_{n=1}^{N} \sum_{z_n} p(z_n \mid \theta) p(w_n \mid z_n, \beta) \right) d\theta$$

마지막으로 개별 문서에 대한 주변 분포를 모두 곱하면 말뭉치(corpus)의 확률을 구할 수 있다.

$$p(\boldsymbol{D} \mid \alpha, \beta) = \prod_{d=1}^{M} \int p(\theta_d \mid \alpha) \left(\prod_{n=1}^{N} \sum_{z_{dn}} p(z_{dn} \mid \theta) p(w_{dn} \mid z_{dn}, \beta) \right) d\theta_d$$

이러한 토픽모델링의 주요 목적은 문서의 집합에서 토픽별로 잠재된(Latent)

토픽(주제)가 무엇인지를 파악하거나, 서로 다른 토픽들 간의 연관성을 찾아내거나 혹은 문서의 요약 및 분류 등을 하기 위해서이다. 앞에서 알아본 수리적 구조에 대한 이해가 다소 어려울 수도 있겠다. 따라서 이러한 수리적 구조를 보다 쉽게 풀어 LDA 프로세스를 설명하면 다음과 같다.

1) 주어진 단어들의 빈도수를 기반으로 문서단어행렬(DTM)을 생성
2) 토픽의 개수 K를 사전에 설정 (5.4절의 K-평균 군집화 활용)
3) 모든 단어들을 K개중 하나의 토픽에 임의로 할당
4) 특정 단어를 하나 추출한 후 추출한 해당 단어를 제외하고 각 문서내 토픽분포와 토픽별 단어분포를 다시 계산 (추출된 단어는 새롭게 토픽할당 분포를 계산함)
5) 다른 단어를 추출하고 4번 단계를 다시 수행. 그리고 또 다른 단어를 추출하고 계속적으로 모든 단어들이 재계산되도록 반복
6) 지정된 반복 횟수만큼 4,5번 단계를 수행하면서 모든 단어들의 토픽 할당분포가 변경되지 않고 수렴할 때까지 수행

LDA에 대해 보다 자세한 수리적 내용을 파악하고자 하는 독자들은 다음의 링크를 참고하기 바란다(https://www.jmlr.org/papers/volume3/blei03a/blei03a.pdf).

이제 예제로 돌아가서 LDA 토픽모델링을 실시해 보기로 한다. Python에서 LDA 모델링을 위해 사용하는 라이브러리는 gensim 이다. gensim 라이브러리의 주요기능은 LDA토픽 모델링 결과 제공, 문서간 유사성 측정, 텍스트 데이터(자연어)의 전처리, 문서 분류, 모델 학습, 토픽 선정 등의 주요 역할을 수행한다. [프로그램 5.11]을 보면 gensim 라이브러리를 설치한 후 딕셔너리(Dictionary) 클래스를 이용하여 명사들의 목록을 생성한다. 생성된 명사 목록은 [결과 5.10]과 같다.

```
#명사 리스트 추출
!pip install gensim

#명사만 추출한 리스트를 단어 빈도별 목록으로 생성
from gensim import corpora, models
doc_noun_dic=corpora.Dictionary(data['doc_token_noun'])
doc_noun_dic.token2id
```

프로그램 5.11 딕셔너리를 이용한 명사 리스트 생성

```
{'가위': 0,
 '가장': 1,
 '개의': 2,
 '거리': 3,
 '경관': 4,
 '경치': 5,
 '경험': 6,
 '고급': 7,
 '고시': 8,
 '과인': 9,
 '국경': 10,
 '기가': 11,
 '기온': 12,
 '나라': 13,
 '날씨': 14,
 '눈길': 15,
 '다양': 16,
 '다이빙': 17,
```

결과 5.10 딕셔너리를 이용한 명사 리스트 결과 일부

이제 각 단어들의 빈도수를 수치화 한 후 K=2로 토픽 모델링을 실시하는 과정이 [프로그램 5.12]이다. 즉 앞에서 엘보우에 의해 결정된 군집수 k=2를 사전 토픽수로 정하자는 것이다. LDA 토픽모델링을 실시한 후 각 토픽별로 나타나는 주요 단어들을 출력해 보자. [프로그램 5.12]를 살펴보면 먼저 문서내의 단어들에 대해 단어의 인덱스별(id) 빈도수를 corpus_y로 생성한다. 그리고 LDA를 통해 토픽 모델링을 진행한다.

```
corpus_y = [doc_noun_dic.doc2bow(text) for text in data['doc_token_noun']]
#문서의 단어들을 단어의 id와 빈도수로 수치화
corpus_y
#최적의 토픽수로 토픽 모델링 진행->topic 2개로 확정.
noun_lda=Lda(corpus_y, num_topics=2, id2word=doc_noun_dic, passes=15, random_state=0)
topics_y=noun_lda.print_topics(num_words=5)
for topic in topics_y:
    print(topic)
f = open(file_path + "topic.pkl", "rb")
aa = pickle.load(f) #불러오기
f.close()
```

프로그램 5.12 LDA 모델링 결과 기반의 토픽별 데이터프레인 분류

noun_lda=Lda(corpus_y, num_topics=2, id2word=doc_noun_dic,
passes=15, random_state=0)

이것은 LDA를 통해 주어진 문서에서 토픽을 추출하는 과정이다. id2word는 id를 사용할 단어(word)로 변환하는 함수로 id2word=doc_noun_dic은 corpus_y에 들어가 있는 인덱스를 doc_noun_dic에 담긴 단어들로 변환하는 것이다. passes는 LDA 모델을 학습시킬 때 전체 corpus에서 모델 학습에 필요한 반복횟수를 설정하는 것으로 15회로 지정하였다.

```
(0, '0.026*"사진" + 0.014*"촬영" + 0.010*"사진관" + 0.007*"선물" + 0.005*"아트"')
(1, '0.005*"재생" + 0.004*"모습" + 0.003*"놀이" + 0.003*"영화" + 0.003*"시작"')
```

결과 5.11 LDA 토픽 모델링 기반의 두 개 군집별 주요단어 출력 결과

pyLDAvis 라이브러리는 LDA 토픽 모델링의 학습결과를 시각화하는데 매우 유용한 도구이다. LDA는 문서 집합으로부터 단어들로 구성된 토픽의 벡터를 학습한다. 즉 어떤 토픽에서 특정 단어가 발생할 확률을 학습하게 되는 것이다. 그런데 이 때 토픽은 고차원의 벡터이므로 여러 토픽간의 관계를 파악하기가 쉽지 않고, 각 토픽의 단어들도 인식하기가 어렵다. 이 때 LDAvis는 주성분분석(PCA(Principal Component Analysis))과 같은 차원 축소 등의 과정을 통해 토

픽 간의 관계와 토픽의 단어를 손쉽게 이해할 수 있도록 해준다. 이러한 과정을 수행하기 위해 pyLDAvis 라이브러리를 설치하고 LDA 모델링 결과를 시각화를 통해 파악해보자.

```
!pip install --user pyLDAvis
import pyLDAvis.gensim

doc_lda_viz = pyLDAvis.gensim.prepare(noun_lda, corpus_y, doc_noun_dic)
pyLDAvis.display(doc_lda_viz)
```

프로그램 5.13 LDA 모델링 시각화를 위한 데이터 생성

LDA 모델링 결과를 시각화하기 위해서는 [프로그램 5.13]에서와 같이 먼저 pyLDAvis를 설치하고 pyLDAvis.gensim 모듈을 사용해야 한다. pyLDAvis.gensim.prepare를 이용하여 시각화 할 데이터를 생성한다. 여기서 noun_lda는 학습된 LDA모델이고, corpus_y는 말뭉치 행렬이며 doc_noun_dic는 인덱스를 단어에 매핑하는 딕셔너리이다. 그리고 pyLDAvis.display를 통해 LDA 모델링의 시각화 결과를 보여준다.

[그림 5.6]의 왼쪽 그림은 2차원으로 축약했을 때 두 개 군집(토픽)들의 위치를 나타낸다. 오른쪽 그림은 각 군집내에 속해있는 상위 30개 단어들의 빈도를 나타낸다. 단어별 빈도를 보면 어떤 단어들이 각 각 토픽 1과 토픽2에 집중화 되어 있는지를 확인 할 수 있다. [그림 5.6]을 살펴보는 방법은 다음과 같다.

1. 마우스로 토픽을 선택한다.

토픽 분포도에서 토픽을 클릭하거나 그림 왼쪽 상단의 “Selected Topic”에 직접 토픽번호를 입력하면 해당토픽을 구성하는 30개의 단어를 확인할 수 있다.

2. 토픽간의 거리

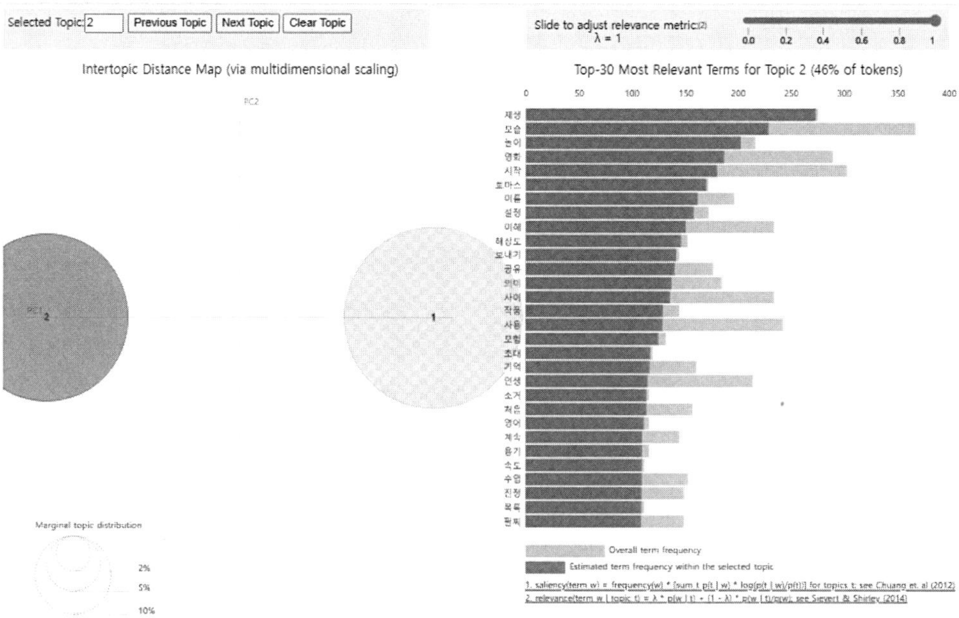

그림 5.6 LDA 모델링의 시각화 결과

토픽간의 거리가 멀수록 변별타당도가 높고 주제가 뚜렷하게 구분된다. 토픽간의 거리가 가깝거나 겹쳐져 있다면 두 토픽간의 유사도가 큰 것으로 변별 타당도가 낮아지게 된다.

3. 토픽의 크기

토픽 원의 크기가 클수록 높은 빈도수를 갖는 단어들로 구성되어 있다는 것을 의미한다. 따라서 가장 원이 큰 토픽을 메인 토픽으로 해석할 수 있다.

4. 람다(λ)값 설정

람다값을 조절하여 토픽을 구성하는 단어의 출력조건에 대한 설정을 할 수 있다. 람다값이 작을수록 각 토픽을 구성하는 단어들의 차이가 뚜렷해지지만 비교적 빈도가 낮은 단어들로 구성된다.

5. 토픽 구성단어

토픽을 구성하는 단어들을 확인할 수 있으며, 푸른색 막대그래프는 전체 단어의 빈도를 나타내고 붉은색 막대그래프는 해당 토픽에서의 빈도를 나타낸다.

이제 각 토픽별로 주요단어들의 빈도와 토픽별 워드클라우드를 그려보도록 하자. 이를 위해 먼저 토픽별 상위 빈도에 해당하는 단어들을 데이터로 저장하고 토픽별로 데이터 프레임을 분류해보도록 하자.

[프로그램 5.14]는 데이터프레임내 토픽번호를 삽입하여 파일로 저장하고 저장된 파일을 불러와 각 토픽별로 데이터프레임을 분류하는 과정이다.

```
doc_noun_dtm = [doc_noun_dic.doc2bow(text) for text in data['doc_token_noun']]
ldamodel=Lda(doc_noun_dtm, num_topics=2, id2word=doc_noun_dic, passes=10,random_state=0)

doc_topics = []
for i in range(len(doc_noun_dtm)):
    prop_sort=[]
    topic_sort=[]
    for topic , prop in ldamodel.get_document_topics(doc_noun_dtm)[i]:
        prop_sort.append(prop)
        topic_sort.append(topic)
    doc_topics.append(topic_sort[prop_sort.index(max(prop_sort))])

data['doc_topic'] = doc_topics  #모든 문서의 토픽을 데이터프레임에 추가
f = open(file_path + "topic.pkl", "wb")
pickle.dump(data, f) #저장
f.close()
#토픽별 데이터프레임 분류
doc_topic0 = aa[aa['doc_topic']==0]
doc_topic1 = aa[aa['doc_topic']==1]
topic0
```

프로그램 5.14 LDA 모델링 결과 기반의 토픽별 데이터프레인 분류

doc_noun_dtm문은 doc_token_noun에 있는 각 문서의 명사 토큰들을 단어

의 인덱스와 빈도수의 형태로 수치화하여 문서로 저장하는 것이다. 그리고 토픽 수 2개, LDA모델링을 위한 반복횟수 10으로 하여 LDA 모델링을 실시한다. 그리고 각 문서에 대해 토픽을 할당한다. get_document_topics를 사용하여 각 문서의 토픽과 해당 토픽에 대해 확률을 계산한 후 가장 높은 확률을 갖는 토픽을 해당 문서의 토픽으로 선택하여 doc_topics에 저장한다. 끝으로 문서별로 할당된 토픽을 데이터프레임내에 data['doc_topic']으로 저장한다. 이러한 과정을 모두 마치고 토픽1(doc_topic1)을 출력하면 데이터프레임 맨 마지막 열에 doc_topic의 값들에 모두 '1'이 들어가 있음을 확인 할 수 있다.

```
doc_topic0_tn = doc_topic0['doc_token_noun']
doc_topic1_tn = doc_topic1['doc_token_noun']
doc_topic1_tn
```

프로그램 5.15 토픽1에 해당하는 문서별 단어 출력

```
13      [감독, 곽경택, 출연, 유오성, 장동건, 서태화, 정운택, 김보경, 기주봉, 개봉...
29      [내방, 중수, 교주, 기념전, 한국만화영상진흥원, 문화, 체육, 관광부, 국제만화...
75      [소녀, 그녀, 핏불, 형태, 가장, 변화, 증거, 소녀, 두려움, 극복, 핏불, ...
79      [에밀, 대한, 문어, 사람과, 문어, 에밀, 대한, 문어, 저자, 토미, 웅거, ...
92      [물고기, 팔찌, 성공, 행운, 팔찌, 데일리, 팔찌, 부담, 매력, 팔찌, 심플,...
                                ...
1665    [체험, 놀이, 열매, 체험, 놀이, 먼저, 열매, 인지, 인지, 게임, 원래, 잔...
1677    [소중, 한우, 정이, 이란, 이오, 고가도, 부담, 이기, 시당, 칭찬, 주위, ...
1685                                                      [악용]
1686    [의소, 소중, 한우, 정이, 이란, 이오, 고가도, 부담, 이기, 시당, 칭찬, ...
1689    [소중, 한우, 정이, 이란, 이오, 고가도, 부담, 이기, 시당, 칭찬, 주위, ...
Name: doc_token_noun, Length: 130, dtype: object
```

결과 5.12 토픽 1에 속하는 문서별 단어들

```
import itertools
doc_topic0_nlist = list(itertools.chain(*doc_topic0_tn)) #리스트 언패킹
doc_topic1_nlist = list(itertools.chain(*doc_topic1_tn)) #리스트 언패킹
from collections import Counter #단어들을 쉽게 집계하기 위해서 사용
count = Counter(doc_topic0_nlist)
doc_hund0 = dict(count.most_common(50)) # 상위 50개 출력하기
doc_hund0
```

프로그램 5.16 LDA 모델링 기반의 토픽별 상위빈도 확인

doc_hund0	doc_hund1
사진 : 403,	사진: 66
촬영: 213,	토마스: 42
사진관: 149,	놀이: 41
선물: 116,	모습: 39
아트: 90,	이름: 35
추억: 63,	보내기: 34
그림: 53,	재생: 33
여행: 51,	영화: 32
수상: 49,	창원: 27
반지: 46,	시작: 26
공연: 44,	팔찌: 26
이미지: 44,	모험: 26
커플: 43,	촬영: 25
체험: 37,	목록: 25
준비: 36,	초대: 25
포즈: 35,	작품: 24
진행: 34,	영어: 22
액자: 34,	수업: 21
생일: 32,	확인: 20
작가: 32,	카페: 20

결과 5.13 LDA기반 토픽별 상위 빈도의 단어들

토픽별 상위 빈도단어를 확인 해보고 싶다면 [프로그램 5.16]과 같이 진행하고 출력을 하면 해당 토픽내에 포함된 단어들을 볼 수 있다. 그리고 단어 리스트를 펼쳐(unpacking) 상위 빈도 50개에 해당하는 단어들을 출력하는 과정이다. 이중에서 상위빈도의 20개 단어는 [결과 5.13]과 같다.

5.4절의 K-평균 군집화에서 결정한 토픽별 주요 단어들인 [결과 5.9]와 LDA 기반의 토픽별 주요단어들의 결과인 [결과 5.13]에서 상위빈도 단어들에서 차이가 있음을 볼 수 있다. [결과 5.9]는 TF-IDF값 기반의 군집수를 2개로 했을 때의 각 군집별 단어들의 분포이며 [결과 5.13]은 LDA 토픽 모델링 기반의 2개 군집의 결과로 방법에 따른 차이가 발생함을 볼 수 있다.

이제 LDA토픽 모델링 기반의 각 토픽별 워드클라우드를 확인해 보기로 하자.

```
from wordcloud import WordCloud
import matplotlib.pyplot as plt

%matplotlib inline

wordcloud = WordCloud(font_path = file_path + 'Nanum-Gothic\\NanumGothic-Bold.ttf',
               background_color='white',colormap = "Accent",
                  width=600, height=400).generate_from_frequencies(doc_hund0)

plt.figure(figsize=(6,4)) #witdh, height비율은 유지하면서 보여지는 크기 지정
plt.imshow(wordcloud)
plt.axis('off')
plt.show()
```

프로그램 5.17 LDA토픽 모델링 기반 토픽(0)의 워드클라우드

```
%matplotlib inline

wordcloud = WordCloud(font_path = file_path + 'Nanum-Gothic\\NanumGothic-Bold.ttf',
 background_color='white',colormap = "Accent",
                 width=600, height=400).generate_from_frequencies(doc_hund1)

plt.figure(figsize=(6,4)) #witdh, height비율은 유지하면서 보여지는 크기 지정
plt.imshow(wordcloud)
plt.axis('off')
plt.show()
```

프로그램 5.18 LDA토픽 모델링 기반 토픽(1)의 워드클라우드

그림 5.7 LDA 토픽모델링 기반 토픽(0)의 워드클라우드 시각화

그림 5.8 LDA 토픽모델링 기반 토픽(1)의 워드클라우드 시각화

이상으로 토픽모델링의 과정을 마무리한다.

5.6 연습문제

1. 4장 연습문제의 'MZ 세대' 크롤링 데이터에 대해 상위 50개 빈도에 해당하는 단어를 출력하라.

2. 상위 100개 단어에 대한 워드클라우드를 그려라

3. 적합한 군집의 수를 구하라. 구하는 과정을 제시하고 설명하라.

4. TF-IDF를 구하고 TF-IDF기반의 군집별 워드클라우드를 그려라.

5. LDA 토픽 모델링을 실시하고 결과를 설명하라.

제6장 감성 분석

6.1 감성 분석 방법론

6.2 감성 사전

6.3 KNU 기반 감성 분석

6.4 EmpLex 기반 감성 분석

6.5 감성 상관분석

6.6 연습 문제

6장. 감성 분석

6.1 감성 분석 방법론

감성분석(Sentiment analysis)이란 '오피니언 마이닝(Opinion Mining)'이라고도 불리는데, 특히 SNS 상의 다양한 텍스트 데이터(예를 들어 블로그나 카페, 동호회와 같은 소셜 미디어상의 다양한 게시글, 제품이나 레스토랑 등의 이용 후기, 뉴스 기사 등)에서 드러나는 사람들의 태도, 의견, 성향 등의 주관적인 데이터를 분석하는 자연어 처리의 한 방법이다. 감성분석을 수행하는 목적은 1) 텍스트 데이터에서 감성의 극성(긍적, 부정, 중립)의 대상이 되는 단어 또는 개체를 추출하는 것이며, 2) 추출된 단어속에 나타난 개개인의 의견, 평가, 태도 등의 특징적 양상을 정량화된 데이터로 제시하는데 있고, 3) 텍스트 간의 비교 우위를 밝혀 상세적 비교를 하기 위함이다.

이러한 감성분석은 분석의 목적이나 방법에 따라 여러 가지 방법론이 존재한다. 감성분석의 주된 방법론은 크게 1)어휘기반 접근법과 2)기계학습 접근법으로 구분되며 세부 접근방법들은 [그림 6.1]과 같다.

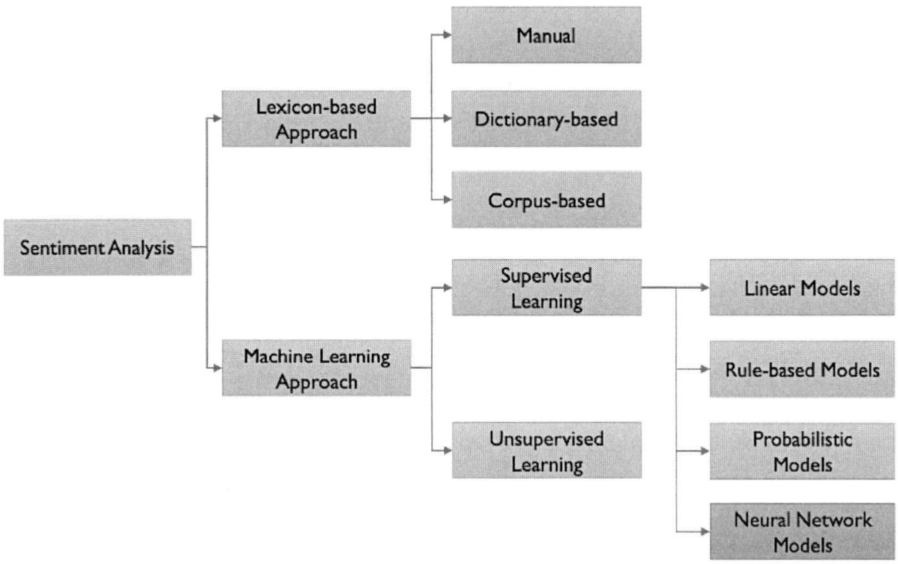

그림 6.1 감성분석 방법론

(출처 : https://github.com/pilsung-kang/Text-Analytics/blob/master)

1) 어휘기반 접근(Lexicon-based Approach)의 감성분석

■ Manual 기반 감성분석

모든 단어에 대한 감성사전을 manual(수동)로 구축하는 방법으로 문서내의 각 단어가 가지는 긍/부정의 정도를 -1(부정)에서 1(긍정) 사이의 값으로 부여하는 것이다. 감성이 들어갈 수 있는 명사, 형용사 및 동사 등의 키워드를 추출하여 이 어휘들에 대한 긍/부정을 부여(레이블링)하여 이용하는 것이다. 그러나 사용 영역(도메인)의 특성에 따라 사용하는 어휘가 달라지고 긍/부정 점수도 달라질 수 있기 때문에 특정 도메인에 특화하여 사용될 수 있으며 모든 도메인에 적용하기는 어렵다. 사용영역이나 도메인에 따라 어휘의 긍/부정이 달라진다는 의미를 설명하면 다음과 같다. 예를 들어 '가볍다'라는 어휘가 건강 다이어트 제품을 판매하는 사용자의 사용 후기에서라면 '이 제품을 복용 후에 몸이 가볍다'라는 긍정의 의미가 있지만, 무게감을 주어야 하는 제품(이불) 등의 제품 사용후기에서는 '가볍다'가 부정의 의미로 사용될수 있다는 것이다.

■ Dictionary-based 기반 감성분석

사전 기반(Dictionary-based)의 감성분석은 분석을 할 때 마다 새로운 사전을 쓰는 것이 아니라 기존에 구축되어 있는 외부 사전을 이용하는 것이다. 예를 들어 한국어의 Dictionary-based 감성사전도 뒤에서 설명하게 될 KNU, KOSAC 등 여러 형태의 감성사전이 존재한다. 즉, 외부 사전을 이용하기 때문에 매 번 수동으로 구축하지 않아도 되며 분석에 적용하기가 쉽다. 그러나 이 방법 또한 manual 방법처럼 사용영역의 확장성이 없어 정확도가 떨어질 수 있다. 이러한 한계 때문에 사전 기반 방법도 사용하려는 사전이 적용하려고 하는 데이터의 영역과 다른 도메인으로부터 생성된 것이라면 신중하게 고려해야 하며 다양한 도메인에 적용하기 위해서는 다양한 사전이 필요하다.

■ Corpus-based 기반 감성분석

어휘기반 감성분석의 마지막 방법은 말뭉치 기반(Corpus-based)의 감성분석 방법이다. 이 방법은 앞의 두 방법이 가지는 단점인 도메인의 확장성에 대한 단점은 없지만 여러 분야에서 유용하게 사용될 수 있는 사전을 구축하기 위해서는 대규모의 텍스트 데이터(말뭉치 데이터)를 구축해야만 한다. 대규모의 데이터로 구성되어 있기 때문에 다양한 도메인에 적용할 수 있으며 자동화된 과정으로 빠르게 감성 단어 리스트를 생성할 수 있다.

2) 기계 학습 접근(Machine Learning Approach)의 감성 분석

지도학습(Supervised learning) 기반의 감성분석으로 긍정, 부정, 중립으로 라벨링된 데이터를 이용하여 모델을 학습시키고, 이것을 바탕으로 텍스트의 감성을 예측하는 방법론이다.

■ 선형 모형(Linear Models) 기반 감성분석

선형모형을 통해 감성사전을 구축하는 방법으로 데이터의 특성과 감성사이의 선형관계를 찾는데 사용된다. 예를 들어 리뷰 데이터에 부여된 평점을 이용하여 회귀분석 모델을 적용하고 이를 통해 감성사전을 구축하는 것이다. 이러한 선형

모형에 의한 구현과정은 비교적 간단하지만 그렇기 때문에 복잡한 감성패턴이나 비선형적 관계를 파악하기는 어렵다.

■ **규칙 기반 모형(Rule-based Models) 감성분석**

규칙 기반 모형은 텍스트의 감성을 일정한 규칙이나 감성사전을 이용하여 분석하는 방법으로 텍스트내의 단어들이 감성어 사전의 단어들과 얼마나 일치하는가를 파악하고 평가하는 방식이다. 사전에 미리 정해진 규칙을 이용하여 텍스트의 감성 분석을 실시하며 특정 도메인에 특화된 규칙을 만들 수는 있지만, 규칙을 수동으로 설정해야 하며 다른 도메인의 적용 확장성의 한계를 가지고 있다.

■ **확률 모형(Probability model) 감성분석**

확률 모형은 데이터로부터 파악된 어떤 패턴을 기반으로 감성을 확률적으로 추정하는 방법이다. 데이터의 통계적 특성을 기반으로 감성을 분류하기 때문에 다양한 도메인으로의 확장성은 있으나 여러 가지 단순한 가정들로 인해 복잡한 감성패턴을 찾지 못하는 한계가 있다.

■ **신경망 모형(Neural Network Model) 감성분석**

기계 학습 방법에 의한 감성분석의 마지막은 신경망 모형이다. 이 것은 다양한 신경망 모형을 통하여 감성분석을 실시하는 것으로 순환신경망 모형(Recurrent Neural Network), LSTM(Long Short-Term Memory), Bi-directional LSTM, Attention Mechanism 등 다양한 방법들이 존재한다. 각 각의 세부 방법론에 대해서는 다루지 않기로 한다.

그 외에도 준지도 학습 방법에 의한 감성분석, 하이브리드 방법(Hybrid methods)등의 감성분석도 있다. 하이브리드 방법은 규칙 기반의 감성분석과 기계학습 방법을 결합한 형태로 감성어 사전의 직관적인 이해와 기계학습모델의 학습능력을 모두 갖추고 있다.

6.2 감성 사전

6.1절에서 소개된 감성분석 방법중에서 어휘기반(Lexicon-based) 접근 방법 중의 하나인 사전 기반(Dictionary-based) 감성사전을 이용하는 감성분석 방법을 알아보기로 한다. 사전 기반 감성분석은 6.1절에서 언급한 바와 같이 사전에 정의된 단어들의 감성적 특징을 이용하여 텍스트의 전반적인 감성을 부여하는 것이다. 이러한 어휘 기반 분석을 위해서는 감성어를 정의해 놓은 감성사전을 사용해야 한다. 한국어 감성사전은 여러 종류가 있으며 대표적인 몇 가지 방법만을 소개하기로 한다.

1. KOSAC(Korean Sentiment Analysis Corpus) 감성사전

가장 대표적인 한국어 감성사전으로 서울대학교에서 개발하였으며 다양한 단어나 구문 등에 감성 점수를 부여하고 있다. 약 17,600개의 감성어휘가 담겨 있고 긍정, 부정, 중립의 감성을 분석하는데 사용된다. 다양한 한국어 표현을 포괄적으로 다루고는 있지만 감성어휘가 추출된 문장들이 특정 도메인에 치우쳐져 있어 다양한 도메인의 고유한 언어사용을 완벽하게 반영하는 데 한계가 있고 신조어의 비중이 적은 편이다.

2. KNU 감성사전

KNU 감성사전은 군산대학교에서 만든 감성사전으로 표준국어대사전을 구성하는 각 단어의 뜻 풀이를 분석하여 긍/부정어를 추출하였으며 형용사, 부사, 동사, 명사에 대한 긍정, 중립, 부정으로 분류하기 위해 Bi-LSTM 모델을 적용하였다. 대해 한국어 어휘들에 대해 긍부정 판별은 매우 부정(1), 부정(2), 중립(3), 긍정(4), 매우 긍정(5)의 리커트 척도로 구성되어 있다. 또한 최근 많이 사용되는 신조어나 축약어 등이 포함되어 있으며 KOSAC과 마찬가지로 한국어 감성분류에 유용하게 사용되는 대표적인 감성사전이다.

3. SentiwordNet 감성사전

이 사전은 원래 영어로 개발된 영어 감성사전을 한국어로 번역하여 적용한 사전으로 각 단어에 대한 감성정도를 긍정, 부정, 중립으로 구분한다. 다만, 번역과정에서 발생하는 미묘한 언어적 차이가 반영되지 않을 수 있다. SentiwordNet 감성사전은 파이썬 NLTK 패키지에 내장되어 있어 사용이 편리하다.

4. Domain-Specific-Sentiment Lexicons 감성사전

특정 영역이나 도메인, 특히 음식점이나 영화에 대한 리뷰 등에 특화된 감성사전이다. 그렇게 때문에 다른 도메인으로의 확장성이 어렵다.

5. EmoLex 감성사전

'Emotion Lexicon'의 약자로 단순히 긍정, 부정, 중립의 감성을 넘어 다양한 감정에 대한 범주를 가지고 있다. 인간의 정서정보를 풍부하게 담고 있으며 신뢰, 기대, 기쁨, 놀라움, 슬픔, 분노, 공포, 혐오 등 8가지의 감성 분류를 할 수 있다. EmoLex는 총 14,182개의 감성어를 보유하고 있으며 105개국의 다양한 언어에 대해 감성사전을 제공한다. 단순히 긍정, 부정, 중립 그 이상의 감성분류를 해 주기 때문에 음원 분석, 영화 리뷰, 심리 영역, 소셜 미디어 등 다양한 영역에서 사용될 수 있다. 그렇지만 여전히 감정의 복잡성 등을 표현하기 위해서는 기계학습이나 딥러닝 기반의 방법들과 결합하여 사용하는 것이 좋다.

6. AFINN

Finn Arup Nielsen(덴마크 공학자)가 2009년부터 2011년까지 직접 수집한 감성 어휘들에 대해 -5 ~ +5 점수를 부여한 사전으로 총 2,477개의 감성어가 수록되어 있다. -5 ~ +5 점은 단어의 감성이 긍정인지, 부정인지, 그리고 그 정도가 얼마나 강한지를 나타내는 것이다. AFINN은 비교적 작은 사전으로 사용이 매우 편리하다. AFINN은 소설 미디어 텍스트 데이터나 짧은 메시지, 온라인 리뷰 등과 같은 비공식적이ㄱ 간결한 감성분석에 유용하다.

7. Bing Liu Lexicon

시카고 일리노이 대학의 Bing Liu교수와 연구팀에 의해 개발된 감성사전으로 특히 온라인 제품 리뷰의 감성분석을 목적으로 개발되어 제품 리뷰나 서비스 평가 등에 유용하고 정확도가 높은 사전으로 6,800여개의 감성어가 수록되어 있으며, 전문가들에 의해 검증되어 신뢰도가 높은 편이다. 그러나 이 사전은 한글어 지원이 되지 않는다.

한국어의 경우 저자가 주로 사용하는 감성사전은 KNU, KOSAC 그리고 EmoLex이다. 감성분석을 하기 위해서는 먼저 감성사전을 불러와야 한다. 여기서는 구글에서 KNU, KOSAC 등의 감성사전을 불러오는 과정을 설명하기로 한다. 먼저 구글에서 'KNU 감성분석 다운로드' 라고 치면 [그림 6.2]가 보일 것이다. 클릭하고 들어가면 KNU 감성 사전에 대한 자세한 정보가 나오고 하단으로 내려가면 [그림 6.3]과 같이 다운로드 받을 수 있는 GitHub 링크를 볼 수 있다.

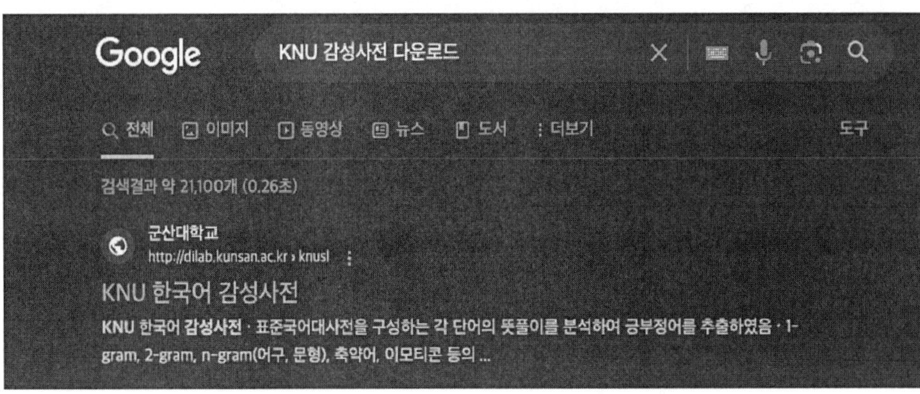

그림 6.2 KNU 감성사전 다운로드를 위한 경로1

- **시연**
  - KNU 감성사전 검색
- **다운로드**
  - GitHub

그림 6.3 KNU 감성사전 다운로드를 위한 경로 2

[그림 6.3]에서 GitHub를 클릭하고 들어가면 [그림 6.4]와 같이 GitHub 사이트에서 감성 사전을 다운 받을 수 있는 경로로 들어간다. [그림 6.4]에서 오른쪽 부분의 초록색 'Code'를 클릭하면 하단에 'Download ZIP'이 보일 것이다. 이것을 다운 받으면 Github에서 감성사전을 다운받게 되는 것이다.

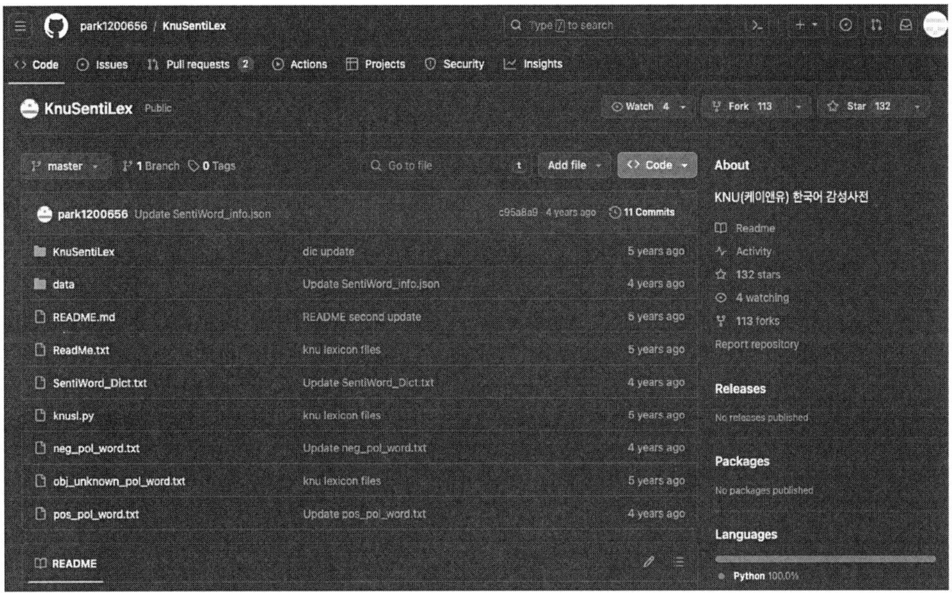

그림 6.4 GitHub에서 KNU 감성사전 다운 받기

그림 6.5 KNU 감성사전 ZIP 다운로드

다운받은 파일의 압축을 풀고 해당 폴더를 클릭하면 Data폴더가 나오고 Data 폴더 안에 'SentiWord_info.json'이라는 파일이 있을 것이다. 이것이 json 형식으로 저장된 KNU 감성어 사전이다.

해당 파일을 각자 분석하고자 하는 폴더에 저장한 후 [프로그램 6.1]과 같이 'SentiWord_info.json'이 들어있는 경로를 file_path를 통해 지정한 후 json 파일을 불러와(json.load()) 감성단어들의 리스트를 생성한다.

```
import json
file_path = 'C:\Python\Crawling\School\KnuSentiLex-master\data\SentiWord_info.json'
with open(file_path, 'r', encoding = 'UTF-8') as f:
    json_data = json.load(f)
word_list=[]
for i in json_data:
    word_txt=word_list.append(i['word'])
```

프로그램 6.1 json형식의 KNU 감성사전 불러와 리스트 생성하기

다음은 KOSAC 감성사전을 불어와 보도록 하자. KOSAC 감성사전도 역시 구글 브라우저에서 KOSAC 감성 사전 다운로드를 검색하면 [그림 6.6]이 나오고 클릭하고 들어가면 바로 Github로 연결된다. 동일하게 'Download ZIP'을 다운받으면 [그림 6.7]처럼 감성사전이 다운로드 된다. 압축을 풀고 들어가면 'dic' 폴더가 있고 클릭하고 들어가면 csv 파일형식으로 감성사전 파일이 들어가 있다.

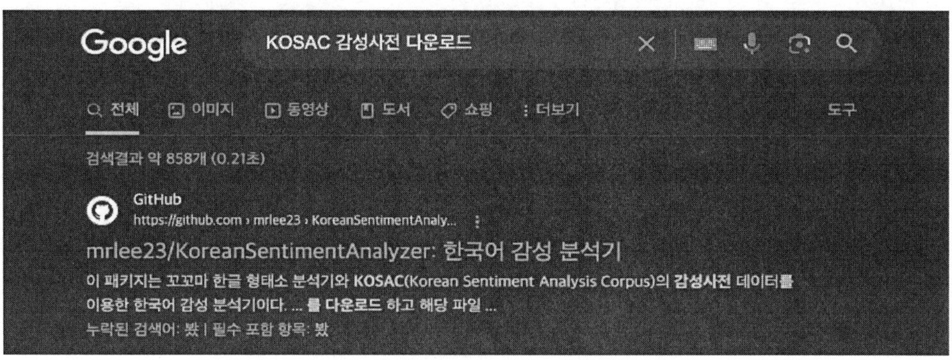

그림 6.6 KOSAC감성 사전 다운로드를 위한 경로

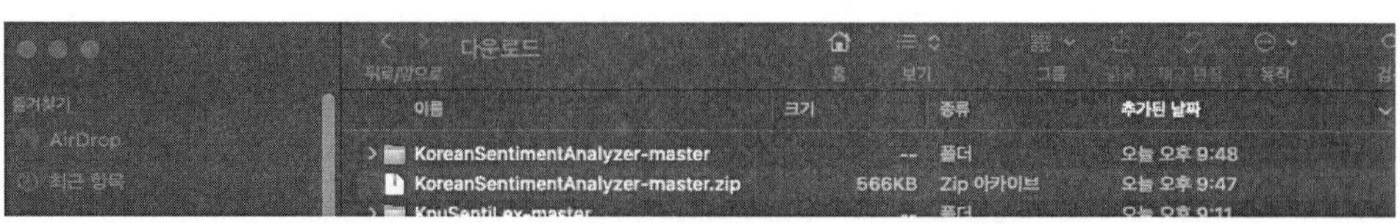

그림 6.7 KOSAC 감성사전 다운로드 폴더

dic'폴더 내에 있는 감성사전 'polarity.csv' 파일을 열면 KOSAC 감성사전이 어떤 형식으로 들어가 있는지를 확인 할 수 있다.

표 6.1 KOSAC 감성사전

polarity

ngram	freq	COMP	NEG	NEUT	None	POS	max.value	max.prop
가*/JKS	1	0	0	0	0	1	POS	1
가*/JKS;있/VV	1	0	0	0	0	1	POS	1
가*/JKS;있/VV;었/EP	1	0	0	0	0	1	POS	1
가*/VV	3	0	0	0	0	1	POS	1
가*/VV;ㄴ다*/EF	1	0	0	0	0	1	POS	1
가/JKC	17	0	0.470588235	0.235294118	0	0.294117647	NEG	0.470588235
가/JKC;되/VV	11	0	0.363636364	0.272727273	0	0.363636364	NEG	0.363636364
가/JKC;되/VV;ㄴ/ETM	2	0	0	1	0	0	NEUT	1
가/JKC;되/VV;ㄹ/ETM	1	0	0	1	0	0	NEUT	1
가/JKC;되/VV;어/EC	2	0	1	0	0	0	NEG	1
가/JKC;되/VV;어야지요/EF	1	0	0	0	0	1	POS	1
가/JKC;아니/VCN	6	0	0.666666667	0.166666667	0	0.166666667	NEG	0.666666667
가/JKC;아니/VCN;ㄴ가/EC	1	0	1	0	0	0	NEG	1
가/JKC;아니/VCN;면/EC	1	0	0	0	0	1	POS	1
가/JKC;아니/VCN;ㅂ니다/EF	1	0	1	0	0	0	NEG	1
가/JKS	112	0.017857143	0.464285714	0.080357143	0.026785714	0.410714286	NEG	0.464285714
가/JKS;가능/NNG	1	0	0	0	0	1	POS	1
가/JKS;가능/NNG;하/XSA	1	0	0	0	0	1	POS	1
가/JKS;가장/MAG	2	0	1	0	0	0	NEG	1
가/JKS;가장/MAG;많이/MAG	1	0	1	0	0	0	NEG	1
가/JKS;가장/MAG;어렵/VA	1	0	1	0	0	0	NEG	1
가/JKS;굵/VA	1	0	0	0	0	1	POS	1
가/JKS;그/MM	1	0	1	0	0	0	NEG	1

[표 6.1]의 변수들은 각 각 다음의 속성을 가진다.

- ngram : 표제어 N-그램을 이루는 형태소
- freq : 해당 N-gram을 포함하는 Seed의 수
- COMP : '의미 특성값'으로 해당 N-gram을 포함하는 Seed중 해당 값을 가지는 것들의 비율
- NEG : 부정어(Negative) 비율
- NEUT : 중립(Neutality)의 비율
- POS : 긍정어(Positive) 비율

max.value : 가장 높은 비율을 차지하는 값의 이름

max.prop : 가장 높은 비율의 수치

저자의 경우는 오래전에 KOSAC 감성사전을 다운받았는데, 당시는 xlsx(엑셀) 형식으로 다운을 받았으며('polarity2.xlsx') [프로그램 6.2]와 같이 다운 받은 파일을 불러오는 과정을 제시하였다. 현재는 앞에서 언급한 것처럼 csv파일로 다운 받게 되어 있다. 프로그램에서 engine='openpyxl'은 xlsx(엑셀) 파일을 데이터 프레임 형식으로 만들기 위한 필수 함수이다.

```
import pandas as pd
senti2=pd.read_execl(file_path + 'polarity2.xlsx', engine='openpyxl')
senti2
```

프로그램 6.2 json형식의 KNU 감성사전 불러와 리스트 생성하기

	Unnamed: 0	ngram	freq	COMP	NEG	NEUT	None	POS	max.value	max.prop	Unnamed: 10
0	0	가/JKS	1	0.0	0.0	0.0	0.0	1.0	POS	1.0	NaN
1	1	가/JKS;있/VV	1	0.0	0.0	0.0	0.0	1.0	POS	1.0	NaN
2	2	가/JKS;있/VV;었/EP	1	0.0	0.0	0.0	0.0	1.0	POS	1.0	NaN
3	3	가/VV	3	0.0	0.0	0.0	0.0	1.0	POS	1.0	NaN
4	4	가/VV;ㄴ다/EF	1	0.0	0.0	0.0	0.0	1.0	POS	1.0	NaN
...	...	...	...	...	...	...	...	...	...	...	...
16357	16357	힘들/VA;ㄹ/ETM;것/NNB	1	0.0	1.0	0.0	0.0	0.0	NEG	1.0	NaN
16358	16358	힘들/VA;ㄹ/ETM;때/NNG	1	0.0	1.0	0.0	0.0	0.0	NEG	1.0	NaN
16359	16359	힘차/VA	1	0.0	1.0	0.0	0.0	0.0	NEG	1.0	NaN
16360	16360	힘차/VA;ㄴ/ETM	1	0.0	1.0	0.0	0.0	0.0	NEG	1.0	NaN
16361	16361	힘차/VA;ㄴ/ETM;듯/NNG	1	0.0	1.0	0.0	0.0	0.0	NEG	1.0	NaN

16362 rows × 11 columns

결과 6.1 파이썬에서 불러온 KOSAC 감성사전

불러온 감성사전 [결과 6.1]은 [표 6.1]의 감성사전과 동일하다. KOSAC에 수록된 감성어는 모두 16,362개이며 해당 어휘가 긍정어인지 부정어인지 등은 max_value를 통해 파악 할 수 있다. 즉 인덱스가 0, 1, 2, 3, 4 등에 해당하는 ngram은 긍정어이며 마지막 번호들에 해당하는 ngram들은 부정어라는 것이다.

6.3 KNU 기반 감성 분석

이제 본격적으로 감성 분석을 실시해 보자. 감성 분석을 위해 필자는 2018년 7월 5일부터 2023년 7월 5일까지 5년 동안의 기간에 '부모 부양' 키워드로 네이버 블로그와 카페, 그리고 다음 카페로부터 웹크롤링을 실시하였다. 3장과 4장에서는 "노인 부양" 키워드로 25일간의 데이터만 크롤링 하는 과정을 실시한 반면 여기서는 동일한 키워드로 5년간의 기간동안 수집한 데이터를 사용하고자 한다.

```
# 데이터 파일 경로 설정
file_path = 'C:\\Users\\user\\contents\\'
import pickle
f = open(file_path + "topic_doc.pkl", "rb")
data = pickle.load(f)
f.close()
data
```

프로그램 6.3 키워드 '부모 부양'에 대한 데이터 파일 불러오기

title	doc	like	comment_cnt	comment_list	img	div	ch	ch2	title_token_list_pos	title_token_noun	doc_token_noun	doc_token_list_
급여 노인 장기 요양 인정 신청 아들 보다 딸이 부양 하는 시대	저출산과 맞물려 우리가 생각해봐야 할 것이다저출산은 국가 성장의 미래 문제만으로 ...	5	<NA>		2	0	naver	blog	[(급여, NNG), (노인, NNP), (장기, NNP), (요양, NNP), (...	[급여, 요양, 인정, 신청, 아들, 시대]	[저출산, 저출산, 성장, 미래, 문제, 국한, 고령화사회, 시점, 세대, 생존, ...	[(저출산, NNP), JC), (맞물리, VV), EC), (우ㄹ
한국 2070년 노인부	통계청 세계 한국 인구 전망급속한 저출산 고			인구절벽인 일본보다 출생율이 낮으며 추격이에					[(한국, NNP), (2070,		[통계청, 인구, 전망, 급소, 저출산, 지격	[(통계청, NNG), (ㅅ

결과 6.2 키워드 '부모 공양'에 대한 topic_doc.pkl 데이터 내용

[프로그램 6.4]를 살펴보면 먼저 KNU 감성사전을 불러와 저장한다. 각 어휘의 평균 감성 점수를 계산하기 위해 def average를 정의하였다. 그리고 data의 각 문서에 대해 평균 감성 스코어를 계산하여 부여한다. 주어진 데이터프레임에 감성 사전을 추가하기 위해 한 글자 이상의 감성단어와 비교하고 문서에서 발견된 감성

단어와 그들의 극성을 추가하고 각 문서별로 감성단어의 평균 극성도 추가한다. 만일 감성 단어가 없으면 점수를 0으로 부여한다. 마지막으로 각 문서에서 나타난 감성 단어, 극성값, 감성 점수 등의 결과를 데이터프레임에 추가하는 것이다.

```
# 데이터프레임에 감성분석 score 삽입
import json
from tqdm import tqdm
# 감정분석 json데이터(knu감성사전) 불러오기
with open(file_path + '\\KnuSentiLex-master\\data\\SentiWord_info.json',
         encoding = 'UTF-8') as json_file:
    sentiword = json.load(json_file)

s_word = []
values = []
score = []

def average(list):          # 각 문서의 평균 감성 score 반환
    return sum(list)/len(list)

for word in tqdm(data['doc']):
    temp_s_word=[]          # 문서에서 발견된 감성 단어 리스트 초기화
    temp_value=[]

# 감성사전에 있는 단어와 현재 문서의 단어 비교
    for s in sentiword:
        if s['word'] in word:
            if len(s['word']) > 1 :     # 한글자 이상의 감성단어와 비교
                temp_s_word.append(s['word'])
                temp_value.append(int(s['polarity']))
    s_word.append(temp_s_word)
    values.append(temp_value)
    try:
        score.append(average(temp_value))
    except ZeroDivisionError:
        score.append(int(0))
# 결과 데이터프레임에 감성분석 결과 삽입
data=data.assign(sentiword = s_word,values=values,score=score)
```

프로그램 6.4 데이터에 감성 점수 삽입하기

이제 감성 극성 결과들이 반영된 데이터프레임을 파일로 저장('total_ docs1.pkl') 하고 불러온 뒤 데이터프레임을 복원하는 과정이 [프로그램 6.5]이다. 실행한 결과가 [결과 6.3]이다. 결과를 보면 sentiword(감성 단어), values(극성값), score(평균 감성 점수) 등이 반영되어 있음을 확인 할 수 있다.

```
import pickle
f = open(file_path + "total_docs1.pkl", "wb")
pickle.dump(data, f)
f.close()
import pickle

# 불러오기
f = open(file_path + "total_docs1.pkl", "rb")
ff = pickle.load(f)
f.close()

# 데이터프레임 복원
import pandas as pd
total_docs = pd.DataFrame()
total_docs['doc'] = ff['doc']
total_docs['doc_token_noun'] = ff['doc_token_noun']
total_docs['doc_topic'] = ff['doc_topic']
total_docs['comment_topic'] = ff['comment_topic']
total_docs['sentiword'] = ff['sentiword']
total_docs['values'] = ff['values']
total_docs['score'] = ff['score']
total_docs
```

프로그램 6.5 데이터 파일 저장 및 복원

그렇다면 이제 '부모 부양' 관련 각 토픽별로 감성분석을 해 보도록 하자. '부모 부양'도 5장까지 진행했던 '친구 우정'과 동일하게 K-평균 군집화와 LDA 토픽 모델링을 통해 최적의 토픽수를 정하는 과정을 진행 할 수 있다.아런 과정은 이미 앞 장에서 다루었으므로 본 절에서는 각 토픽별로 어떤 감성들이 존재하는지를 보고자 한다. 이를 위해 제3 ~ 5장까지의 내용은 생략하고 토픽별 워드클라우드 결과만을 참고하도록 하자. '부모 부양'에 대한 텍스트 데이터로부터 K-평균 군집화를 통해 4개의 토픽이 선정되었다. 토픽별 워드클라우드 결과는 [그림 6.8]과 같다.

	doc	doc_token_noun	doc_topic	comment_topic	sentiword	values	score
0	저출산과 맞물려 우리가 생각해봐야 할 것이다저출산은 국가 성장의 미래 문제 만으로 ...	[저출산, 저출산, 성장, 미래, 문제, 국한, 고령화사회, 시점, 세대, 생존, ...	2	0	[강하게, 개선, 그릇된, 긍정, 긍정적, 긍정적으로, 기대, 넉넉한, 대상, 못된...	[1, 2, -2, 1, 1, 2, 1, 1, 1, -2, -1, -1, 1, 1,...	-0.234043
1	통계청 세계 한국 인구전망급속한 저출산 고령화 직격탄한국 인구 27프로 감소 3...	[통계청, 인구, 전망, 급속, 저출산, 직격탄, 인구, 프로, 인구, 프로, 프로...	2	1	[강하게, 격한, 기대, 기대되는, 부담, 비관적, 비관적인, 성이, 스트레스, 좋...	[1, -2, 1, 2, -2, -2, -2, 0, -2, 2, 2, 2, -2]	-0.153846
2	부양제2판 노인복지론 2002 p284부양의 양과 종류는 가족이 가진 경제적 자...	[복지, 종류, 자원, 구조, 부양자, 피부, 관계, 에너지, 필요, 문제, 지의,...	1	0	[높은, 대가, 대상, 도움, 도움을 주는, 스트레스, 심한, 약하면, 어려움, 어...	[1, 1, 1, 1, 2, -2, -2, -1, -2, -2, -1, -1, -2...	-0.533333
3	65세 이상 노인 부양가정이라면안녕하세요저희는 어르신들의 남은 여생을 더욱 풍요롭고...	[가정, 라면, 남은, 여생, 풍요, 안락, 최선, 노력, 복지, 센터, 소식, 인...	2	2	[감사, 고충, 꼼꼼하게, 대가, 도움, 무료로, 병을, 분이나, 새로운, 소득, ...	[2, -2, 1, 1, 1, 1, -2, -2, 1, 1, 1, 1, 2, -2,...	0.533333
4	가족관계 변화와 노인 부양노인 거주 형태의 변화 혼자 살거나 노부부만 사는 세대가...	[관계, 변화, 거주, 형태, 변화, 부부, 세대, 추세, 부부, 관계, 변화, 부...	1	0	[가치, 갈등, 감사, 고통, 긍정, 긍정적, 긍정적으로, 대가, 독감, 만족, 바...	[1, -1, 2, -2, 1, 1, 2, 1, -1, 2, 2, -2, -1, -...	0.160000
...	...	...	...	...	...	...	...
2162	노인은 무엇으로 사는가 감사의 마음으로 사는 것이다이런 질문부터 시작 해 보자 당...	[감사, 마음, 시작, 인생, 감사, 감사, 감사, 길목, 대차, 대조표, 후회, ...	3	2	[감동, 감사, 감사하는, 감사하다, 근심, 근심이, 긍정, 긍정적, 긍정적인, 기...	[2, 2, 2, 2, -1, -1, 1, 1, 2, 2, 1, -1, 2, 2, ...	0.966102
2163	출처대한민국 통계청인류 역사상 유래없는 현상곧우리나라인구의40가65세이상노인으로구...	[출처, 대한민국 통계청, 인류, 역사, 유래, 현상, 인구, 구성, 비가, 청년,...	1	1	[]	[]	0.000000
2164	65세 이상 노인 혜택 50가지 몰라서 못쓰는 사람이 더 많아1탄by M가이드현재...	[혜택, 가지, 가이드, 규정, 연금, 요양, 혜택, 혜택, 가지, 혜택, 가지, ...	2	0	[걱정, 고혈압, 대상, 도움, 많다, 모르는, 무료로, 부담, 분에, 불편, 불편...	[-2, -1, 1, 1, 2, -1, 1, -2, -2, -2, -2, 2, 0,...	0.050000

결과 6.3 감성관련 정보가 반영된 데이터프레임

그림 6.8 부모 부양에 대한 토픽별 워드클라우드 시각화

이제 이 4개 토픽별로 각 각의 감성분석을 진행해보자. 즉 토픽별로 감성 극성(긍정/중립/부정)의 정도에 차이가 있는지, 예를 들어 특정 토픽에는 긍정어 어휘 사용이 많은 반면 다른 토픽은 부정 어휘의 사용이 많은지 등을 파악해 보자는 것이다. 이러한 과정을 위한 프로그램이 [프로그램 6.6]이며, 여기서 각 토픽별로 평균 감성점수(score)를 그 수준에 따라 분류한다. 평균 감성점수가 중립(0)을 중심으로 흩어져 있어, 평균 감성점수가 0.3을 초과하면 긍정으로, −0.3에서 0.3 사이이면 중립, −0.3 미만이면 부정으로 분류하고자 한다. 이 기준은 독자에 따라서, 그리고 텍스트 데이터의 도메인 영역에 따라 평균 감성 스코어의 분포를 보고 적절하게 기준을 정하면 될 것이다.

```
# 토픽별 평균 score에 따른 감성 클래스 구분
# 토픽별 평균 score 0.3 초과  -> 긍정
# 토픽별 평균 score -0.3 이상 0.3 이하  -> 중립
# 토픽별 평균 score -0.3 미만  -> 부정

senti_0 = [0,0,0,0,0,0]
senti_1 = [0,0,0,0,0,0]
senti_2 = [0,0,0,0,0,0]
senti_3 = [0,0,0,0,0,0]

for i in range(len(total_docs)):
    if total_docs['doc_topic'].iloc[i] == 0:
        if total_docs['score'].iloc[i] > 0.3:
            senti_0[0] = senti_0[0] + 1
        elif total_docs['score'].iloc[i]<=0.3 and total_docs['score'].iloc[i]>=
 -0.3:
            senti_0[2] = senti_0[2] + 1
        else:
            senti_0[4] = senti_0[4] + 1

    elif total_docs['doc_topic'].iloc[i] == 1:
        if total_docs['score'].iloc[i] > 0.3:
            senti_1[0] = senti_1[0] + 1
        elif total_docs['score'].iloc[i]<=0.3 and total_docs['score'].iloc[i]>=
 -0.3:
            senti_1[2] = senti_1[2] + 1
        else:
            senti_1[4] = senti_1[4] + 1
```

```
    elif total_docs['doc_topic'].iloc[i] == 2:
        if total_docs['score'].iloc[i] > 0.3:
            senti_2[0] = senti_2[0] + 1
        elif total_docs['score'].iloc[i]<=0.3 and total_docs['score'].iloc[i]>=
-0.3:
            senti_2[2] = senti_2[2] + 1
        else:
            senti_2[4] = senti_2[4] + 1

    elif total_docs['doc_topic'].iloc[i] == 3:
        if total_docs['score'].iloc[i] > 0.3:
            senti_3[0] = senti_3[0] + 1
        elif total_docs['score'].iloc[i]<=0.3 and total_docs['score'].iloc[i]>=
-0.3:
            senti_3[2] = senti_3[2] + 1
        else:
            senti_3[4] = senti_3[4] + 1
```

프로그램 6.6 토픽별 평균감성점수 분류 및 집계

다음으로 각 토픽별 감성 빈도와 비율을 계산하는 과정과 그 결과가 [프로그램 6.7]과 [결과 6.4]이다.

```
# 감성 클래스별 비율 계산
for i in range(1,7,2):
    senti_0[i] = senti_0[i-1] / (senti_0[0]+senti_0[2]+senti_0[4])
for i in range(1,7,2):
    senti_1[i] = senti_1[i-1] / (senti_1[0]+senti_1[2]+senti_3[4])
for i in range(1,7,2):
    senti_2[i] = senti_2[i-1] / (senti_2[0]+senti_2[2]+senti_3[4])
for i in range(1,7,2):
    senti_3[i] = senti_3[i-1] / (senti_3[0]+senti_3[2]+senti_3[4])

# 토픽별 감성 비율 데이터프레임 생성
graph = pd.DataFrame([senti_0,senti_1,senti_2,senti_3],
                     index=['topic1','topic2','topic3','topic4'],
                     columns=[['긍정','긍정','중립','중립','부정','부정'],['빈도',
                         '비율','빈도','비율','빈도','비율']])
```

프로그램 6.7 토픽별 감성 빈도 및 비율

```
graph
```

	긍정		중립		부정	
	빈도	비율	빈도	비율	빈도	비율
topic1	94	0.271676	145	0.419075	107	0.309249
topic2	127	0.306763	277	0.669082	291	0.702899
topic3	309	0.419837	417	0.566576	313	0.425272
topic4	67	0.770115	10	0.114943	10	0.114943

결과 6.4 토픽별 감성정도에 대한 빈도 및 비율

[결과 6.4]를 보면 토픽1과 토픽3은 긍·부정의 어휘들이 비슷하게 분포되어 있는 반면 토픽2는 긍정 어휘의 비율은 낮고 부정 어휘와 중립 어휘가 많이 사용되고 있으며 마지막 토픽은 반대로 긍정 어휘의 사용 비율이 높고 부정 어휘는 빈도가 낮은 것으로 나타났다.

```
# 토픽별 감성 빈도수 막대 그래프
senti_bar = pd.DataFrame([[senti_0[0],senti_0[2],senti_0[4]],[senti_1[0],

 senti_1[2],senti_1[4]],[senti_2[0],senti_2[2],senti_2[4]],[senti_3[0],
          senti_3[2],senti_3[4]]],
          index=['topic1','topic2','topic3','topic4'],
          columns=['긍정','중립','부정'])

import matplotlib.pyplot as plt
import matplotlib.font_manager as fm
plt.rc('font', family = 'Malgun Gothic')  # 한글폰트 설정

# 토픽별 감성 빈도수 막대 그래프 그리기
senti_plot = senti_bar.plot(kind='bar', figsize=(15,7), rot=0, width = 0.85,
                         ylim=[0,500])

senti_plot.legend(fontsize=15,loc=2) # label 글자 크기, 위치 조정
```

프로그램 6.8 토픽별 감성 수준의 막대그래프 그리기

이제 각 토픽별 감성분석 결과를 그래프를 통해 파악해 보기로 하자. 즉 [결과

6.4]를 막대그래프를 통해 시각화 해보는 것이다. [프로그램 6.8]이 막대 그래프를 이용하여 시각화 하는 과정이다. matplotlib 라이브러리를 이용하였으며 그 결과는 [그림 6.9]와 같다.

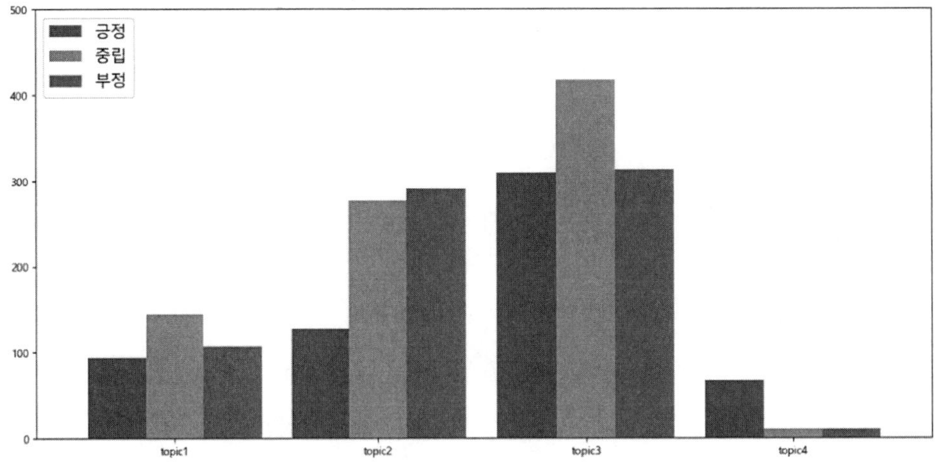

그림 6.9 '부모 부양'에 대한 개별 토픽별 감성 빈도수의 시각화

[그림 6.9]의 감성 빈도 플롯으로 볼 때, 토픽 4에서 긍정 어휘가 많이 사용되었다 하더라도 상대적으로 감성 어휘의 사용 빈도수가 다른 토픽들에 비해 매우 낮다는 것을 더욱 명확하게 확인할 수 있다. 반면 토픽 3은 감성 어휘의 사용 빈도가 매우 높음을 볼 수 있다.

그렇다면 전체 문서에 대한 감성 수준은 어떠한지 파악해 보기로 하자. 물론 앞의 토픽별 빈도수 결과로도 확인 할 수 있겠지만 이를 시각화 프로그램으로 구현해 보면 [프로그램 6.9]와 같다.

```
senti_total = [0,0,0,0,0,0]

for i in range(len(total_docs)):
    if total_docs['score'].iloc[i] > 0.3:
        senti_total[0] = senti_total[0] + 1
    elif total_docs['score'].iloc[i]<=0.3 and total_docs['score'].iloc[i]>= -0.3:
        senti_total[2] = senti_total[2] + 1
    else:
        senti_total[4] = senti_total[4] + 1

# 전체 감성 클래스별 비율 계산
for i in range(1,7,2):
    senti_total[i]=senti_total[i-1]/(senti_total[0]+senti_total[2] +senti_total[4])

# 전체 감성 비율 데이터프레임 생성
graph = pd.DataFrame([senti_total], index=['전체'],
              columns=[['긍정','긍정','중립','중립','부정','부정'],['빈도',
                   '비율','빈도','비율','빈도','비율']])
```

프로그램 6.9 전체 문서의 감성 빈도 및 비율

```
graph
```

	긍정		중립		부정	
	빈도	비율	빈도	비율	빈도	비율
전체	597	0.275496	849	0.391786	721	0.332718

결과 6.5 부모 부양에 대한 문서 전체의 감성 정도

'부모 부양' 에 대한 전체 문서로 볼 때는 사용하는 감성 어휘의 수준이 긍정이나 부정의 어느 한 쪽에 취우치지 않고 고르게 사용되고 있음을 확인할 수 있다.

6.4 EmoLex 기반 감성 분석

6.1절에서 소개 한 바와 같이 EmoLex(Emotion Lexicon) 기반의 감성 분석은 단순히 긍정, 부정, 중립의 감성을 넘어 다양한 감정에 대한 8가지 범주로 구성되어 있는 사전이다. 신뢰, 기대, 기쁨, 놀라움, 슬픔, 분노, 공포, 혐오 등 8가지로 감성 분류가 되어 있으며 총 14,182개의 감성어휘를 보유하고 있다. 지금부터는 '부모 부양'에 대해 EmoLex 기반의 감성분석을 실행 해 보도록 한다.

```
import pickle
f = open(file_path + "topic_doc.pkl", "rb")
data = pickle.load(f)
f.close()
data
```

프로그램 6.10 '부모 부양'에 대한 pkl데이터 파일 불러오기

이렇게 불러온 데이터프레임(data) 결과는 6.3절에서 불러왔던 [결과 6.2]와 같다. 이제 EmoLex 사전을 불러와야 한다. 구글에서 'EmoLex'를 검색하면 [그림 6.10]과 같이 나타나고 여기서 'NRC Word-Emotion Association Lexicon'을 클릭하면 [그림 6.11]의 EmoLex를 다운 받을 수 있는 사이트로 넘어간다. 여기서 붉은색으로 표기된 부분의 "Download the NRC Word-Emotion ~ " 을 클릭하면 다운을 받을 수 있다. 다운을 받아 압축을 풀면 [그림 6.12]의 첫 번째 그림처럼 NRC-Emotion-Lexicon 폴더가 생기고 이 폴더에 들어가면 다시 OneFile PerLanguage라는 폴더가 있다. 이 폴더 안에는 EmoLex가 지원하는 각 나라별 사전들이 들어있음을 확인 할 수 있다. 한국어버전은 Korean- NRC-EmoLex .txt로 들어가 있다. 이제 Korean-NRC-EmoLex.txt 사전을 독자가 분석하는 폴더에 저장한 뒤 파일 경로를 지정하여 불러오면 된다.

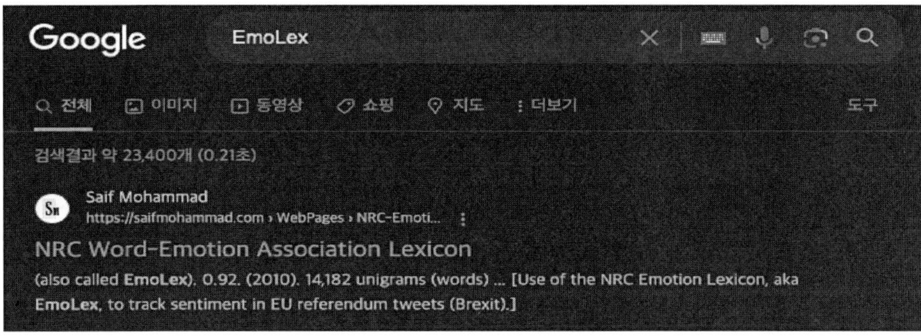

그림 6.10 EmoLex 사전 검색

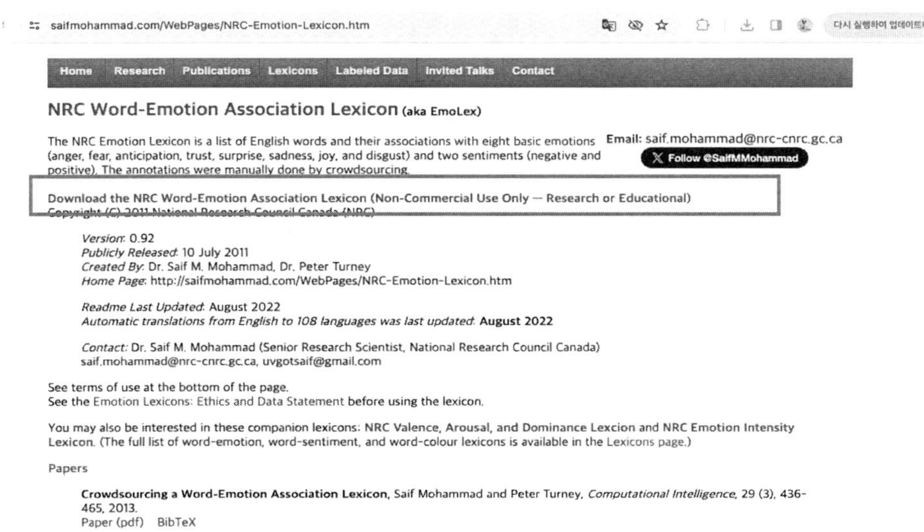

그림 6.11 'EmoLex 다운로드 사이트

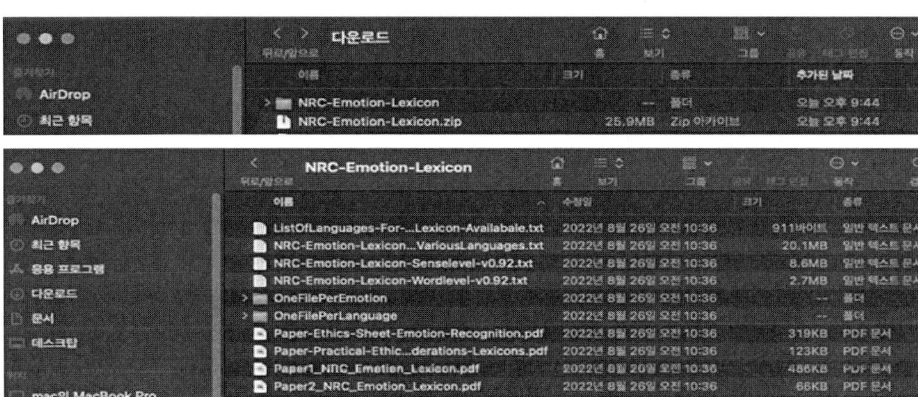

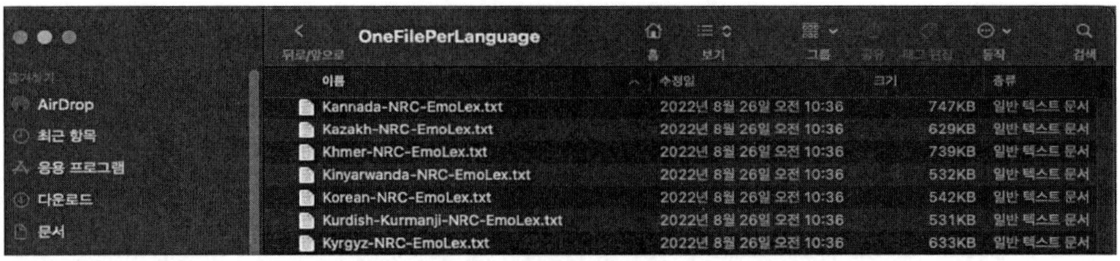

그림 6.12 EmoLex 사전의 한국어 버전 확인하기

다운받은 EmoLex 사전(Korean-NRC-EmoLex.txt)파일을 열어보면 [그림 6.13]과 같다. [프로그램 6.11]은 다운 받은 Korean-NRC-EmoLex.txt 감성사전을 불러온 후 감성 사전에 인덱스를 열(컬럼)으로 지정한 뒤 불필요한 행을 제거하는 과정이다. 그리고 결과를 출력하면 [결과 6.6]과 같다.

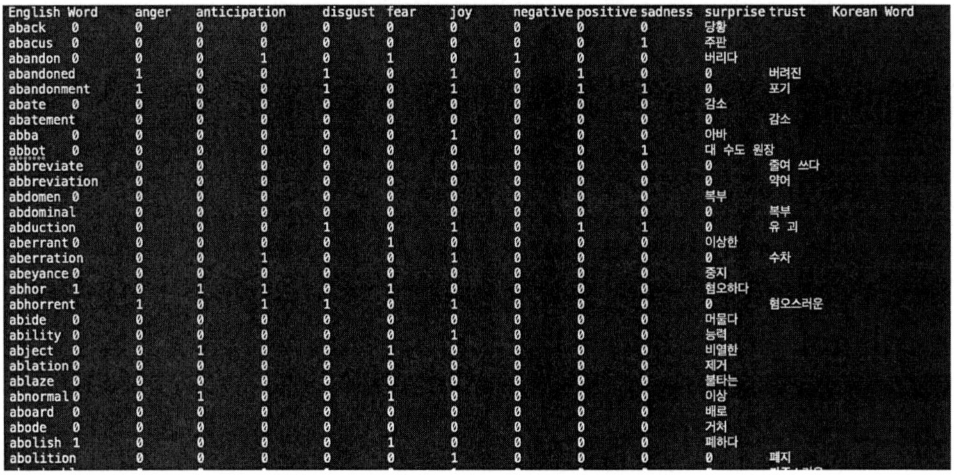

그림 6.13 Korean-NRC-EmoLex.txt 내용

```
# EmoLex 감성사전 파일 불러오기
nrc = pd.read_table(file_path + "Korean-NRC-EmoLex.txt", engine = "python",
                    header = None, sep = "\t")
# 감성사전 열 이름 지정 및 불필요한 행 제거
nrc.columns = nrc.iloc[0]
nrc = nrc[1:]
nrc.reset_index(drop=True, inplace=True)
nrc
```

프로그램 6.11 EmoLex 감성 사전 사전 불러오기

	English Word	anger	anticipation	disgust	fear	joy	negative	positive	sadness	surprise	trust	Korean Word
0	aback	0	0	0	0	0	0	0	0	0	0	당황
1	abacus	0	0	0	0	0	0	0	0	0	1	주판
2	abandon	0	0	0	1	0	1	0	1	0	0	버리다
3	abandoned	1	0	0	1	0	1	0	1	0	0	버려진
4	abandonment	1	0	0	1	0	1	0	1	1	0	포기
...	...	...	...	...	...	...	...	...	...	...	...	...
14149	zone	0	0	0	0	0	0	0	0	0	0	존
14150	zoo	0	0	0	0	0	0	0	0	0	0	동물원
14151	zoological	0	0	0	0	0	0	0	0	0	0	동물학
14152	zoology	0	0	0	0	0	0	0	0	0	0	동물학
14153	zoom	0	0	0	0	0	0	0	0	0	0	줌

결과 6.6 EmoLex 감성 사전

[결과 6.6]을 보면 긍정, 부정, 그리고 8개의 감성을 포함한 총 10개의 감성 유형별 감성 값들이 들어가 있고 해당 감성 값을 가지면 1, 아니면 0으로 표기되어 있음을 알 수 있다.

이제 데이터프레임에 EmoLex 감성 사전의 10개 감성 값들을 삽입해야 한다. [프로그램 6.12]는 감성 값을 values로 지정하고 10개의 해당되는 감성 값을 리스트로 받도록 구성하였다. 그리고 데이터프레임에 이러한 감성 값을 삽입한 후 다시 데이터프레임을 저장하고 불러오는 과정을 보여준다.

```
# 데이터프레임에 감성사전의 감성값 삽입
s_word = []
values = []

for word in tqdm(data['doc']):
    temp_s_word=[]   # 문서에서 발견된 감성사전의 단어 리스트 초기화
    temp_value = [0,0,0,0,0,0,0,0,0,0]   # 초기 감성값 리스트 초기화

# 감성사전의 단어와 현재 문서의 단어를 비교
    for i in range(1, len(data)):
        if nrc['Korean Word'][i] in word:
            if len(nrc['Korean Word'][i]) > 1:
                temp_s_word.append(nrc['Korean Word'][i])
                b = list(map(int, nrc.iloc[i,1:11].tolist()))
                temp_value = [x + y for x, y in zip(temp_value,b)]
    s_word.append(temp_s_word)
    values.append(temp_value)
```

```
# 결과 데이터프레임에 감성사전 결과 삽입
data=data.assign(sentiword = s_word,values=values)
import pickle

# 갱신된 데이터프레임 파일로 저장
f = open(file_path + "total_docs2.pkl", "wb")
pickle.dump(data, f)
f.close()
import pickle

# 불러오기
f = open(file_path + "total_docs2.pkl", "rb")
ff = pickle.load(f)
f.close()
ff
```

프로그램 6.12 데이터프레임에 감성사전의 감성 값 삽입하기

그 결과를 출력하면 [결과 6.7]과 같이 맨 끝 열(컬럼)에 values(1, 2, 3,... 등 10개의 리스트 값으로 부여) 라는 감성 값이 삽입되어 있음을 확인 할 수 있다.

title_token_noun	doc_token_noun	doc_token_list_pos	comment_token_list_pos	comment_token_noun	doc_topic	comment_topic	sentiword	values
[급여, 요양, 인정, 신청, 아들, 시대]	[저출산, 저출산, 성장, 미래, 문제, 국한, 고령화사회, 시점, 세대, 생존, ...	[(저출산, NNP), (과, JC), (맞물리, VV), (어, EC), (우리,...	[]	[]	2	0	[이상, 학[illegible], 정확한, 인정, 행동, [illegible]우, 실제, [illegible]실, 적절, [illegible]정, 인정, ...	[1, 4, 1, 7, 1, 6, 13, 2, 1, 6]
[illegible]	[통계청, 인구, 전망, 급속, 저출산, 직격	[(통계청, NNG), (세계,	[(인구, NNP), (절벽, NNP),	[인구, 절벽, 일본, 출생, 충	[illegible]	[illegible]	[감소, 감소, 이상, 갑자기, 증가, [illegible]	[0, 2, 1, 2, 1,

결과 6.7 데이터프레임에 삽입된 감성 값(values)

이제 [프로그램 6.13]에서 데이터 프레임에서 불필요한 항목들을 제외하고 필요한 정보들만 가져와 새로운 데이터프레임을 구성하였다. 그 결과 깔끔하게 정리된 데이터프레임 결과를 볼 수 있다([결과 6.8]).

```
# 데이터프레임 복원
import pandas as pd
total_docs = pd.DataFrame()
total_docs['doc'] = ff['doc']
total_docs['doc_token_noun'] = ff['doc_token_noun']
total_docs['doc_topic'] = ff['doc_topic']
total_docs['comment_topic'] = ff['comment_topic']
total_docs['sentiword'] = ff['sentiword']
total_docs['values'] = ff['values']
total_docs
```

프로그램 6.13 필요한 정보들로 새롭게 구성하는 데이터 프레임

	doc	doc_token_noun	doc_topic	comment_topic	sentiword	values
0	저출산과 맞물려 우리가 생각해봐야 할 것이다저출산은 국가 성장의 미래 문제만으로 ...	[저출산, 저출산, 성장, 미래, 문제, 국한, 고령화사회, 시점, 세대, 생존, ...	2	0	[이상, 학원, 정확한, 인정, 행동, 배우, 실제, 현실, 적절, 인정, 인정, ...	[1, 4, 1, 7, 1, 6, 13, 2, 1, 6]
1	통계청 세계 한국 인구전망급속한 저출산 고령화 직격탄한국 인구 27프로 감소 3...	[통계청, 인구, 전망, 급속, 저출산, 직격탄, 인구, 프로, 인구, 프로, 프로...	2	1	[감소, 감소, 이상, 갑자기, 증가, 안녕, 관리, 나이, 아이, 위에, 연금, ...	[0, 2, 1, 2, 1, 2, 1, 0, 1, 1]
2	부양제2판 노인복지론 2002 p284부양의 양과 종류는 가족이 가진 경제적 자...	[복지, 종류, 자원, 구조, 부양자, 피부, 관계, 에너지, 필요, 문제, 지의,...	1	0	[이상, 요약, 책임, 배우, 양자, 역경, 분석, 생기, 인가, 측면, 보다, 신...	[1, 1, 1, 3, 1, 5, 3, 1, 1, 2]
3	65세 이상 노인 부양가정이라면안녕하세요저희는 어르신들의 남은 여생을 더욱 풍요롭고...	[가정, 라면, 남은, 여생, 풍요, 안락, 최선, 노력, 복지, 센터, 소식, 인...	2	2	[이상, 책임, 활동, 안녕, 광고, 비행기, 지원, 비행기, 대주, 변경, 확대,...	[1, 3, 2, 3, 1, 7, 7, 2, 1, 5]
4	가족관계 변화와 노인 부양노인 거주 형태의 변화 혼자 살거나 노부부만 사는 세대가...	[관계, 변화, 거주, 형태, 변화, 부부, 세대, 추세, 부부, 관계, 변화, 부...	1	0	[책임, 증가, 인정, 배우, 인정, 인정, 애정, 애정, 긍정적, 긍정적으로, 고...	[3, 2, 2, 6, 3, 8, 9, 3, 1, 7]
...	...	...	...	...	...	...
2162	노인은 무엇으로 사는가 감사의 마음으로 사는 것이다이런 질문부터 시작 해 보자 당...	[감사, 마음, 시작, 인생, 감사, 감사, 감사, 길목, 대차, 대조표, 후회, ...	3	2	[이상, 증가, 성취, 배우, 영향을 미치는, 긍정적, 아가, 전부, 충분히, 즐거...	[0, 3, 1, 3, 8, 3, 17, 0, 0, 7]
2163	출처대한민국 통계청인류 역사상 유래 없는 현상 곧우리나라인구의40가65세이상노인으로구...	[출처, 대한민국 통계청, 인류, 역사, 유래, 현상, 인구, 구성, 비가, 청년,...	1	1	[이상]	[0, 0, 1, 0, 0, 1, 0, 0, 0, 0]
2164	65세 이상 노인 혜택 50가지 몰라서 못 쓰는 사람이 더 많아1탄by M가이드현재...	[혜택, 가지, 가이드, 규정, 연금, 요양, 혜택, 혜택, 가지, 혜택, 가지, ...	2	0	[이상, 해외에서, 입장, 가입, 인정, 활동, 현실, 추가, 조정, 관리, 가입,...	[1, 2, 3, 2, 0, 8, 7, 2, 2, 6]
2165	KBS방영된 프로그램전문기관 9988 청주노인주간보호센터입니다 33명 정원의 아늑한...	[방영, 프로그램, 전문, 기관, 보호, 센터, 정원, 분위기, 부모, 마음, 부모...	1	0	[계정, 계정, 주소, 관리, 보호, 지원, 간식, 신청, 약속, 감사, 지역, 확...	[0, 1, 0, 1, 1, 1, 4, 0, 0, 6]
2166	장기요양 서비스 우수사례를 발굴하여 국민의 공감대 형성과 관심도제고를 위하여2023...	[요양, 우수, 사례, 발굴, 공감대, 형성, 관심도, 제고, 요양, 체험, 사진,...	0	0	[감소, 감소, 이상, 활동, 보호, 동의, 동의, 발표, 도제, 기사, 동의, 심...	[0, 1, 1, 1, 0, 3, 3, 1, 0, 3]

2167 rows × 6 columns

결과 6.8 정리된 데이터 프레임

이제 KNU 감성 사전에서와 마찬가지로 EmoLex 감성 사전에 대해서도 '부모 부양'의 4개 토픽별 결과가 어떻게 다른지를 파악해 보자. [프로그램 6.14]는 각 토픽별로 10개 감성 값들의 누계를 구하고 이들의 데이터프레임을 구성하는 과정이며 그 결과는 [결과 6.9]와 같다. 결과를 보다 효과적으로 파악하기 위해 시각화한 프로그램은 각 각 다음과 같다([프로그램 6.15], [그림 6.14]).

```
# 토픽별 감성값 누적
senti_0 = [0,0,0,0,0,0,0,0,0,0]
senti_1 = [0,0,0,0,0,0,0,0,0,0]
senti_2 = [0,0,0,0,0,0,0,0,0,0]
senti_3 = [0,0,0,0,0,0,0,0,0,0]

for i in range(len(total_docs)):
    if total_docs['doc_topic'].iloc[i] == 0:
        senti_0 = [x + y for x, y in zip(senti_0,total_docs.iloc[i,5])]

    elif total_docs['doc_topic'].iloc[i] == 1:
        senti_1 = [x + y for x, y in zip(senti_1,total_docs.iloc[i,5])]

    elif total_docs['doc_topic'].iloc[i] == 2:
        senti_2 = [x + y for x, y in zip(senti_2,total_docs.iloc[i,5])]

    elif total_docs['doc_topic'].iloc[i] == 3:
        senti_3 = [x + y for x, y in zip(senti_3,total_docs.iloc[i,5])]
# 토픽별 감성값 데이터프레임 생성
graph = pd.DataFrame([senti_0,senti_1,senti_2,senti_3],
                index=['topic1','topic2','topic3','topic4'],

 columns=['anger','anticipation','disgust','fear','joy','negative','positive'
 ,'sadness',
                         'surprise','trust'])
```

프로그램 6.14 토픽별 누적 감성 값 계산 및 데이터 프레임 구성

```
graph
```

	anger	anticipation	disgust	fear	joy	negative	positive	sadness	surprise	trust
topic1	363	551	338	701	270	1607	2358	324	274	1031
topic2	949	1122	674	2039	674	2859	4321	884	890	1926
topic3	1073	1317	985	1914	758	3395	5002	881	691	2520
topic4	132	216	111	242	383	337	997	26	59	436

결과 6.9 토픽별 EmoLex 감성의 수준

```
senti_plot=graph.plot(kind='bar', figsize=(15,7), rot=0, width = 0.85, ylim=[0,5100])

senti_plot.legend(fontsize=15,loc=2)
```

프로그램 6.15 토픽별 10가지 감성에 대한 막대 그래프 그리기

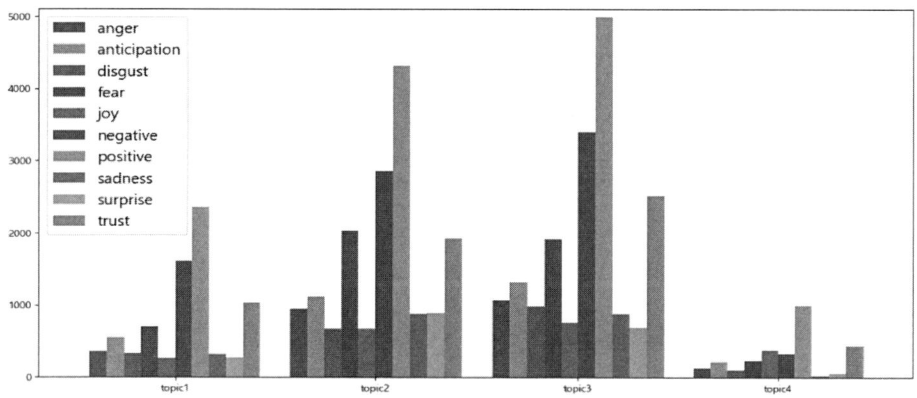

그림 6.14 토픽별 10개 EmpLex 감성에 대한 시각화

결과는 독자 여러분들이 스스로 해석해 보기 바란다. 그리고 전체 데이터에 대한 감성 분석 프로그램 및 그 결과는 각 각 [프로그램 6.16], [결과 6.10], [그림 6.15]과 같다.

```
# 전체 감성값 누적
senti_total = [0,0,0,0,0,0,0,0,0,0]

for i in range(len(total_docs)):
    senti_total = [x + y for x, y in zip(senti_total,total_docs.iloc[i,5])]

# 전체 감성값 데이터프레임 생성
graph = pd.DataFrame([senti_total],
              index=['total'],
columns=['anger','anticipation','disgust','fear','joy','negative','positive',
 'sadness'            ,'surprise','trust'])
graph

# 전체 감성값 막대 그래프
senti_plot  =  graph.plot(kind='bar',figsize=(15,7),rot=0,  width  =  0.85,
 ylim=[0,15000])

senti_plot.legend(fontsize=15,loc=2)
```

프로그램 6.16 전체 데이터프레임의 누적 감성 값 계산 및 막대 그래프 그리기 결과는 독자 여러분들이 스스로 해석해 보기 바란다. 그리고 전체 데이터에 대한 감성 분석 프로그램 및 그 결과는 각 각 [프로그램 6.16], [결과 6.10], [그림 6.15]과 같다.

```
graph
```

	anger	anticipation	disgust	fear	joy	negative	positive	sadness	surprise	trust
total	2517	3206	2108	4896	2085	8198	12678	2115	1914	5913

결과 6.10 토픽별 EmoLex 감성의 수준

[그림 6.15]을 살펴보면 '부모 부양' 에 대한 전체 데이터로 볼 때 긍/부정 외에 신뢰(trust), 공포(fear), 기대(anticipation), 분노(anger) 등의 감정과 관련된 어휘들을 많이 사용하고 있다는 것을 알 수 있다.

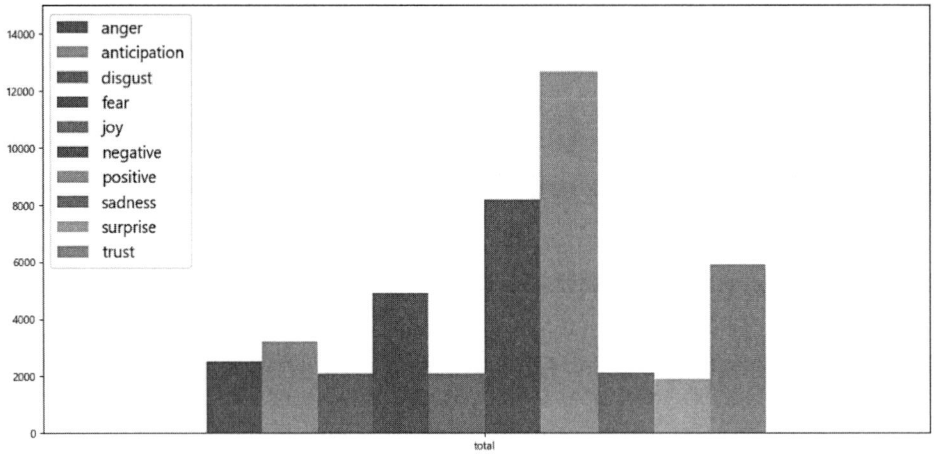

그림 6.15 전체 데이터프레임에 대한 10개 EmoLex 감성 수준 시각화

6.5 감성 상관 분석

일반적으로 소셜 미디어상의 문서에 있어서 문서에 포함된 '영상 유무'나 '이미지 유무' 등이 문서에 대한 SNS 참여자(engagement)의 반응인 '좋아요' 나 '댓글 수'와 연관성이 높다는 선행 연구논문들이 많다. 따라서 본 절에서는 이러한 문서들의 유형(이미지 포함여부, 영상 포함 여부 등)이 얼마나 참여자의 관심(좋아요 수, 댓글 수 등)과 관련이 있는지를 파악해 보는 것은 의미가 있을 것이다. 또한 6.3절과 6.4절에서 알아본 긍.부정 감성 및 8가지 감성 유형 간에도 어떤 상관 관계가 존재하는지를 알아볼 수 있을 것이다. 간략히 요약하자면

가설 1. 문서내의 이미지수, 영상 수 등이 참여자의 관심(좋아요, 댓글 수 등)과 상관 관계가 있을까?

가설 2. 문서에서 사용된 감성어들과 참여자의 관심(좋아요, 댓글 수 등)관에는 상관 관계가 있을까?

가설 3. 문서내 이미지나 영상의 수가 사용하는 감성어휘들과는 관련성이 있을까?

하는 것이다. 만일 어떤 가설에서든 상관관계가 존재한다면 SNS글 작성자는 더 많은 참여자들의 반응을 위해 이미지나 영상을 문서 내에 추가한다거나 감성어휘 사용 등에 특별히 신경을 쓸 수도 있을 것이며 더 나아가 마케팅 관점에서도 그 결과를 적절하게 활용해 볼 수 있을 것이다. 물론 확대 해석하기 위해서는 더욱 정교한 분석을 해야겠지만, 이러한 상관 관계의 파악은 꽤 재미있는 시도일 수 있다.

그럼 먼저 감성의 극성 정도와 좋아요 수, 댓글 수, 그리고 문서의 유형(이미지 수, 영상 수 등) 등을 포함하는 데이터프레임을 구성하고 상관분석을 실시해 보도록 하자. 상관 분석을 위해 먼저 [프로그램 6.17]과 같이 "total_docs1.pkl" 데이터를 불러온 뒤 상관 분석에 필요한 정보들만 포함하는 새로운 데이터프레임을 구성하였으며 그 결과는 다음과 같다([결과 6.11]).

```
import pickle
import numpy as np
import pandas as pd
import seaborn as sns
import matplotlib.pyplot as plt
import scipy.stats as stats

file_path = 'C:\\Users\\contents\\'
f = open(file_path + "total_docs1.pkl", "rb")
data1 = pickle.load(f)
f.close()

#ff = data1[['like','img','div','comment_cnt','values']]

data = pd.DataFrame()
data['like'] = ff['like']
data['img'] = ff['img']
data['div'] = ff['div']
data['comment_cnt'] = ff['comment_cnt']
data['values'] = ff['values']
data
```

프로그램 6.17 상관분석을 위한 데이터프레임 구성하기

	like	img	div	comment_cnt	values
0	5	2	0	<NA>	[1, 2, -2, 1, 1, 2, 1, 1, 1, -2, -1, -1, 1, 1,...
1	50	2	0	2	[1, -2, 1, 2, -2, -2, -2, 0, -2, 2, 2, 2, -2]
2	4	4	0	<NA>	[1, 1, 1, 1, 2, -2, -2, -1, -2, -2, -1, -1, -2...
3	3	12	1	1	[2, -2, 1, 1, 1, 1, -2, -2, 1, 1, 1, 1, 2, -2,...
4	2	1	0	<NA>	[1, -1, 2, -2, 1, 1, 2, 1, -1, 2, 2, -2, -1, -...
...	...	...	...	...	...
2162	3	4	0	4	[2, 2, 2, 2, -1, -1, 1, 1, 2, 2, 1, -1, 2, 2, ...
2163	3	2	0	59	[]
2164	0	6	0	0	[-2, -1, 1, 1, 2, -1, 1, -2, -2, -2, -2, 2, 0,...
2165	0	26	2	0	[2, 1, 2, -1, 1, -2, 2, 1, 1, -1, 1, 2, 2, 2, ...
2166	0	0	0	0	[2, 1, -2, 1, 0, 2, 1, -1]

2167 rows × 5 columns

결과 6.11 상관분석을 하기위해 구성한 데이터프레임

[결과 6.11]에서 'like'는 '부모 부양'관련 블로그나 카페의 문서에 대한 '좋아요 수' 이며 'img'는 문서에 포함된 '이미지 수', 그리고 'div'는 문서에 포함된 '영상 수', 그리고 'comment_cnt'는 '댓글 수' 이다. 이들 사이의 상관분석을 위해서는 [결과 6.10]에서 리스트 형태로 되어 있는 values를 각 감성들에 대한 수치형태의 다음과 같은 구조로 바꾸어 주어야 한다([결과 6.12]). 그렇게 하기 위해서 [프로그램 6.18]과 같이 새로운 데이터프레임을 구성해야 한다.

```
# 'values' 열에서 -2부터 2까지의 각 값들의 개수를 카운트하여 새로운 열로 추가
data['매우 부정'] = data['values'].apply(lambda x: x.count(-2))
data['부정'] = data['values'].apply(lambda x: x.count(-1))
data['중립'] = data['values'].apply(lambda x: x.count(0))
data['긍정'] = data['values'].apply(lambda x: x.count(1))
data['매우 긍정'] = data['values'].apply(lambda x: x.count(2))

# 'values' 열 삭제
data.drop('values', axis=1, inplace=True)

# 결과 출력
data
```

프로그램 6.18 새로운 데이터 프레임 형성

	like	img	div	comment_cnt	매우 부정	부정	중립	긍정	매우 긍정
0	5	2	0	<NA>	13	11	2	16	5
1	50	2	0	2	6	0	1	2	4
2	4	4	0	<NA>	6	3	0	5	1
3	3	12	1	1	7	1	0	13	9
4	2	1	0	<NA>	12	8	1	18	11
...	...	...	...	...	...	...	...	...	...
2162	3	4	0	4	5	9	0	14	31
2163	3	2	0	59	0	0	0	0	0
2164	0	6	0	0	12	4	1	16	7
2165	0	26	2	0	1	2	0	8	8
2166	0	0	0	0	1	1	1	3	2

2167 rows × 9 columns

결과 6.12 새정리된 데이터 프레임

[결과 6.12]의 내용을 보면 일부 데이터에 결측치들이 존재함을 볼 수 있다. 그런데 상관 분석을 하기 위해서는 해당되는 변수들의 값이 존재해야 하므로 결측치를 제외한 후 상관 분석을 실시한다. 결측치를 제외([프로그램 6.19]) 한 후의 결과([결과 6.12])를 확인 해보면 문서별로 매우부정, 부정, 중립, 긍정, 매우긍정에 해당하는 감성어휘의 빈도수가 보인다. 결측치를 제외하다 보니 전체 데이터프레임의 사이즈가 2,167×9에서 1,466×9로 701개의 문서가 제외되었음을 확인할 수 있다. 본 사례에서는 전체 변수들 간의 상관 분석을 위해 모든 변수들의 결측치를 제외하다 보니 많은 문서들이 제외되었으나, 특정 두 변수 혹은 세 개 변수간의 상관 관계를 볼 때는 해당 변수들의 결측치만을 제외하므로 훨씬 적은 수의 문서가 제외될 것이다.

```
df = data[data['comment_cnt'] != '<NA>']
# 'like' 열 값이 '<NA>'가 아닌 데이터 선택
df = df[df['like'] != '<NA>']

df = df.reset_index(drop=True)
df
```

프로그램 6.19 데이터프레임에서 결측치 제외

	like	img	div	comment_cnt	매우 부정	부정	중립	긍정	매우 긍정
0	50	2	0	2	6	0	1	2	4
1	3	12	1	1	7	1	0	13	9
2	3	0	0	1	33	11	0	15	4
3	8	7	0	6	8	5	1	3	5
4	57	1	0	47	9	6	1	18	10
...	...	...	...	...	...	...	...	...	...
1461	3	4	0	4	5	9	0	14	31
1462	3	2	0	59	0	0	0	0	0
1463	0	6	0	0	12	4	1	16	7
1464	0	26	2	0	1	2	0	8	8
1465	0	0	0	0	1	1	1	3	2

1466 rows × 9 columns

결과 6.13 결측치가 제거된 데이터프레임 결과

[프로그램 6.20]은 피어슨의 상관관계(Pearson's correlation)을 보여준다. 상관 계수값은 -1에서 1사이의 값임을 볼 수 있다. 이러한 변수들 간의 상관관계를 보다 해석하기 쉽게 시각적으로 표현해 보기로 하자. 상관관계를 시각적으로 잘 표현 할 수 있는 플롯으로 Heatmap이 있다. Heatmap은 두 변수간의 상관 정도를 색상의 변화로 설명해주는 플롯이다. [프로그램 6.21]처럼 Heatmap을 이용하여 많은 변수들 간의 상관관계를 도식화 해볼 수 있다.

```
corr = df.corr(method='pearson')
corr
```

프로그램 6.20 피어슨의 상관관계

	like	img	div	comment_cnt	매우 부정	부정	중립	긍정	매우 긍정
like	1.000000	0.070973	0.032487	0.286602	0.110943	0.073393	0.021537	0.074274	0.020740
img	0.070973	1.000000	0.223152	0.002385	0.170715	0.209953	0.103899	0.254253	0.296916
div	0.032487	0.223152	1.000000	0.003133	0.027977	0.005526	-0.021259	0.037869	0.083645
comment_cnt	0.286602	0.002385	0.003133	1.000000	0.021453	0.007035	-0.019326	-0.020184	-0.027713
매우 부정	0.110943	0.170715	0.027977	0.021453	1.000000	0.818392	0.524695	0.687141	0.488564
부정	0.073393	0.209953	0.005526	0.007035	0.818392	1.000000	0.553710	0.770912	0.671478
중립	0.021537	0.103899	-0.021259	-0.019326	0.524695	0.553710	1.000000	0.583680	0.410066
긍정	0.074274	0.254253	0.037869	-0.020184	0.687141	0.770912	0.583680	1.000000	0.738676
매우 긍정	0.020740	0.296916	0.083645	-0.027713	0.488564	0.671478	0.410066	0.738676	1.000000

결과 6.14 피어슨의 상관관계 결과

```
plt.rc('font', family = 'Malgun Gothic')

# 상관계수 행렬 시각화
plt.figure(figsize=(15, 15))
sns.heatmap(corr, annot=True, cmap='Blues', fmt=".2f", linewidths=0.5)
```

프로그램 6.21 Heatmap을 이용한 상관관계 시각화

Heatmap을 살펴보면 감성 극성들 간의 상관관계가 매우 높다(매우긍정과 긍정, 또는 매우 부정과 부정 등)는 것을 알 수 있다. 즉 부정어휘들이 많이 사용되

는 문서는 부정 어휘의 강도 차이(매우부정 어휘, 부정 어휘 등)는 있겠으나 대체로 부정어휘들이 자주 등장한다는 의미일 것이다. 그런데 우리가 보고자 했던 문서내 '이미지 수'나 '영상 수' 등이 참여자의 '좋아요 수'나 '댓글 수'에 영향을 줄 것이라는 가정이 이 사례에서는 드러나지 않는 것으로 보인다. 다만 '이미지 수(img)'와 매우긍정 또는 긍정 사이의 상관관계가 각 각 0.3(30%), 0,25(25%)로 상대적으로 높게 나타난다. 이것으로 비추어 볼 때 이미지를 많이 사용하는 문서의 경우 긍정 어휘들을 자주 사용한다고 추론 해 볼 수 있겠다.

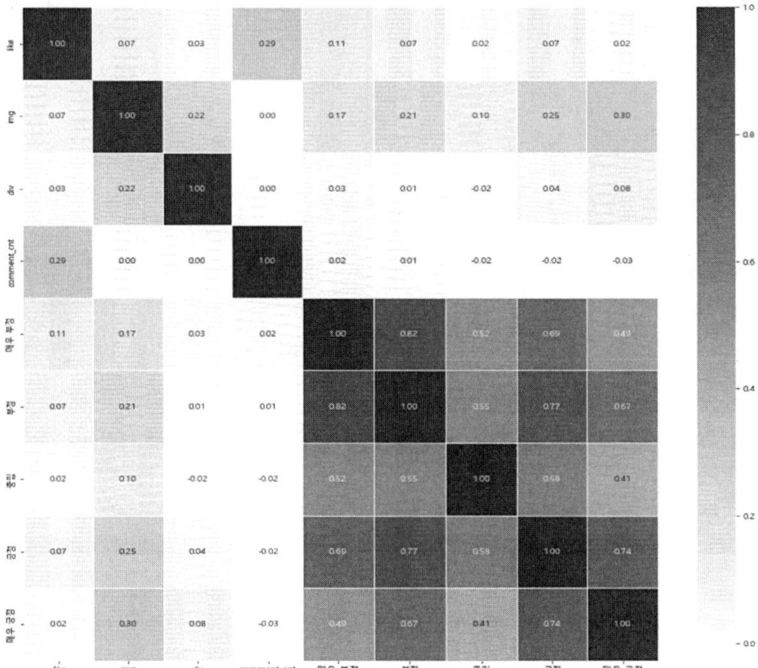

그림 6.16 Heatmap 상관관계

지금까지는 KNU 감성 사전 기반의 '감성 정도(매우 긍정~ 매우 부정)'과 문서 내 '이미지 수', '동영상 수', 참여자의 '좋아요 수', '댓글 수' 등과 관련한 상관 관계 분석을 실시해 보았다. 이와 동일한 방법으로 EmoLex 감성분석 결과로도 상관관계를 파악 해 볼 수 있을 것이다.

이상으로 감성분석을 마무리 하기로 한다.

6.6 연습문제

1. '친구 우정' 크롤링 데이터에 대해 KNU 감성사전 기반으로 감성 정도와 참여자의 '댓글수', '좋아요 수' 사이의 상관관계를 제시하라.

2. '친구 우정' 크롤링 데이터에 대해 EmoLex 감성사전 기반으로 '감성 정도'와 문서 내 '이미지 수', '영상 수', 참여자의 '좋아요 수', '댓글 수'간의 상관관계를 보여라.

3. '부모 부양' 텍스트 데이터에 대해 EmoLex 감성 분석을 실시하라.

4. '부모 부양' 텍스트 데이터의 토픽 분석을 실시하고 각 토픽별 EmoLex 감성 분석을 실시하라.

제7장 텍스트 데이터의 모델링

7.1 N-gram 언어 모형

7.2 일반화선형모형 (Generalized Linear Model,GLM)

7.3 연습문제

7장. 텍스트 데이터의 모델링

7.1 N-gram 언어 모형

지금까지는 텍스트 데이터 분석(자연어 처리, NLP(Nature Language Processing)을 함에 있어, 최소단위의 형태소(보통은 1개 어휘) 중심으로 텍스트 데이터 분석을 실시하였다. 그런데 좀 더 텍스트들의 현상을 깊이 있게 분석하거나 모델링하기 위해서는 어휘 1개 보다 그 어휘를 둘러쌓고 있는 주변 어휘들과의 관계인 단어 시퀀스 (sequence of word)를 기반으로 한 분석이나 모델링이 필요할 수 있다. 출현 단어(어휘)의 빈도를 기반으로 한 통계적 언어 모형(Statistical Language Model: SLM)의 하나로 N-gram 언어 모형(N-gram Language Model)을 소개한다. N-gram 언어 모형은 연속된 두 개 단어, 연속된 세 개 단어, 연속된 N개 단어 등의 관계를 표현하는 것이다. 즉 앞의 2개 단어로 다음 단어를 예측한다면 Unigram(1-gram), 앞의 2개 단어로 다음 단어를 예측한다면 Bigram(2-gram) 이라고 칭한다. 예를 들어 여기에 This is a beautiful flower 라는 문장이 있다고 할 때 Unigram(1-gram), Bigram(2-gram), Trigram (3-gram)은 각 각 다음과 같다.

This / is / a / beautiful / flower : Unigram

This is / is a / a beautiful / beautiful flower : Bigram

This is a / is a beautiful / a beautiful flower : Trigram

이처럼 N-gram 언어 모형은 단어 주머니(Bag of Words)나 TF-IDF와 같이 빈도를 사용하여 단어를 벡터로 표현하는 방법이지만, BoW나 TF-IDF와는 달리 N개의 단어 시퀀스만을 분석의 범위로 고려한다는 것이다.

그렇다면 N-gram 언어 모형을 좀 더 구체적으로 알아보자. 앞의 예시 문장을 다시 생각해 보도록 하자(This is a beautiful flower). 여기서 만일 N=4인 언어 모형을 이용하여 다음에 출현할 단어를 예측한다고 하면, 이것은 앞의 N-1(4-1=3)개 단어를 이용하여 예측한다는 의미이다. 예를 들어 N-1=3개 단어인 is a beautiful로 다음에 출현할 단어를 예측한다고 할 때 이 것은 다음과 같이 조건부 확률(Conditional probability)로 표현할 수 있다.

$$P(A \mid is\ a\ beautiful) = \frac{P(is\ a\ beautiful\ A)}{P(is\ a\ beautiful)}$$

즉, is a beautiful 이 주어졌을 때 A 가 나올 확률을 구하는 조건부 확률인 것이다. 이때, 만일 보유하고 있는 말뭉치(Corpus)에서 is a beautiful이 1,000번 나오고, 그 중에서 is a beaufiful flower가 400번, is a beautiful skirt가 250번 나온다고 가정 해보자. 그러면 is a beautiful 다음에 flower가 나타날 확률은 40%이며, skirt가 나타날 확률은 25%이므로 확률적 선택에 의해 flower가 맞다고 판단하게 된다.

더 자세한 내용은 유원준 & 안상준(2023)을 참고하기 바란다.

그러나 이러한 N-gram 언어 모형도 한계를 가지고 있다, 앞에 등장하는 일련의 몇 개 단어만으로 다음에 등장할 단어를 예측하기 때문에 전체 문맥에서의 흐름이나, 또는 반전 등의 상황이 발생할 때 오히려 예측이 잘 못 되거나 정확도가 떨어지는 경우가 발생 할 수 있다. 이를테면 앞의 'is a beautiful flower'가 아름다운 꽃으로 사랑스럽고 긍정적인 의미를 가지지만, 만일 같은 문장에 죽임을 위한 독이 묻은 꽃 등의 내용이 포함되어 있다면 이때의 'is a beautiful flower' 는 죽음, 부정적 등의 오히려 상반된 의미를 가질 수 있기 때문이다. 또 다른 한계는 N을 얼마로 하느냐에 따라 trade-off 문제가 발생한다. Unigram보다는

Bigram이 정확도를 더 높일 수 있지만(즉 N을 크게 하면 할수록 모델의 정확도는 개선) 실제 말뭉치에서 해당 n-gram을 계산할 수 있는 확률이 적어지므로 희소 문제가 발생하게 되고, N이 커질수록 모델 사이즈가 커진다는 문제도 존재한다. 이러한 trade-off 때문에 적절한 N을 선택해야 하며 일반적으로 N-gram 모형에서는 N이 5 이상은 넘어가지 않게 하는 것을 권장한다.

```
import numpy as np
import pickle
import pandas as pd
import seaborn as sns
import matplotlib.pyplot as plt
import nltk # 자연어 처리를 위한 파이썬 패키지
from nltk.util import ngrams # 문자열에서 N개의 연속된 요소를 추출하는 방법

file_path = 'C:\\Users\\contents\\'
f = open(file_path + "total_docs1.pkl", "rb")
df = pickle.load(f)
f.close()

# 감성 분석 결과를 바탕으로 긍정, 중립, 부정을 나타내는 sentiment 열 추가
senti = []

for i in range(len(df)):
    if df['score'].iloc[i] <= -0.4:
        senti.append(-1)
    elif df['score'].iloc[i] <= 0.4:
        senti.append(0)
    else:
        senti.append(1)

df['sentiment'] = senti
df
```

프로그램 7.1 감성변수를 문서 데이터 파일에 저장하기

이제 우리의 사례로 돌아와서 키워드 '부모 부양'에 대한 예제로부터 감성분석(긍정/부정/중립) 기반의 Unigram과 Bigram을 파악하는 방법만을 알아보도록 하자. [프로그램 7.1]에서 처럼 N-gram 분석을 하기위해서는 자연어 처리를 위한 파이썬 패키지 nltk를 임포트하고 nltk.util로부터 ngrams를 임포트 해야한

다. 여기서는 감성수준의 기준으로 감성스코어가 -0.4 이하이면 부정, -0.4 초과 0.4 이하이면 중립, 0.4 초과이면 긍정으로 판단하였다.

```
# Unigram 추출 함수 정의
def extract_ngrams(tokens, num):
    n_grams = ngrams(tokens, num)
    n_grams = [ ' '.join(grams) for grams in n_grams]
    return n_grams

# Unigram 카운트 함수 정의
def count_ngrams(df, num):
    gram_dict = {}
    for i in df:
        grams = extract_ngrams(i, num)

        for j in grams:
            if j in gram_dict:
                gram_dict[j] += 1
            else:
                gram_dict[j] = 1

    gram_dict = dict(sorted(gram_dict.items(), key=lambda item: item[1],
                reverse=True))
    return gram_dict
```

프로그램 7.2 감성변수 수준 기반 Unigram 생성하기

[프로그램 7.2]에서는 Unigram을 추출하는 함수를 정의하고 ngrams() 함수를 이용하여 입력된 토큰에서 길이가 num인 ngram을 추출한다. 다음으로 Unigram을 카운트 하는 함수를 정의한 후 N-gram과 해당 빈도수를 저장할 딕셔너리를 만들어 채우는 과정을 전개한다. 마지막으로 gram_dict의 항목들을 빈도수를 기준으로 내림차순으로 정렬한다.

이제 각 각의 감성어휘(긍정/부정/중립) 수준별 어떤 단어들이 표현되어 있는지 Uniram을 추출하고 Unigrm 결과를 시각화 해보기로 하자. [프로그램 7.3]은 이러한 과정을 보여준다.

```
# 폰트 설정
plt.rcParams['font.family'] = 'Malgun Gothic'
# 부정, 중립, 긍정 리뷰 수준별 Unigram 추출 및 시각화
unigrams_neg = count_ngrams(df[df['sentiment']==-1]['doc_token_noun'], 1)
unigrams_neu = count_ngrams(df[df['sentiment']==0]['doc_token_noun'], 1)
unigrams_pos = count_ngrams(df[df['sentiment']==1]['doc_token_noun'], 1)

# 1x3 그리드의 서브플롯 생성
fig, axes = plt.subplots(1, 3, figsize=(9,6))
num = 30   # 상위 30개의 Unigram만 시각화
sns.barplot(x=list(unigrams_neg.values())[:num],
          y=list(unigrams_neg.keys())[:num], ax=axes[0])
sns.barplot(x=list(unigrams_neu.values())[:num],
          y=list(unigrams_neu.keys())[:num], ax=axes[1])
sns.barplot(x=list(unigrams_pos.values())[:num],
          y=list(unigrams_pos.keys())[:num], ax=axes[2])

# 서브플롯 타이틀 설정
axes[0].set_title('Negative Review Unigrams')
axes[1].set_title('Neutral Review Unigrams')
axes[2].set_title('Positive Review Unigrams')

# 서브플롯 간 간격 조절
plt.tight_layout()
plt.show()
```

프로그램 7.3 감성 수준별 Unigram 추출 및 시각화

[프로그램 7.3]에서 부정어휘의 Unigram을 unirams_neg 라 정의하고 문서(df)내 sentiment==-1 (감성수준이 부정)에서, 다시말해 감성수준이 부정에 해당하는 문서에서 doc_token_noun 1개 Unigram에 해당하는 빈도수를 구하기 위해 마지막에 1을 표기한 것이다. 또한 Unigram들의 빈도에 따른 barplot을 그리기 위해 x축에는 개별 Unigram의 빈도수를, y축에는 Unigram에 해당하는 어휘(unigram_neg.keys())를 30개 제시하라고 하였다.

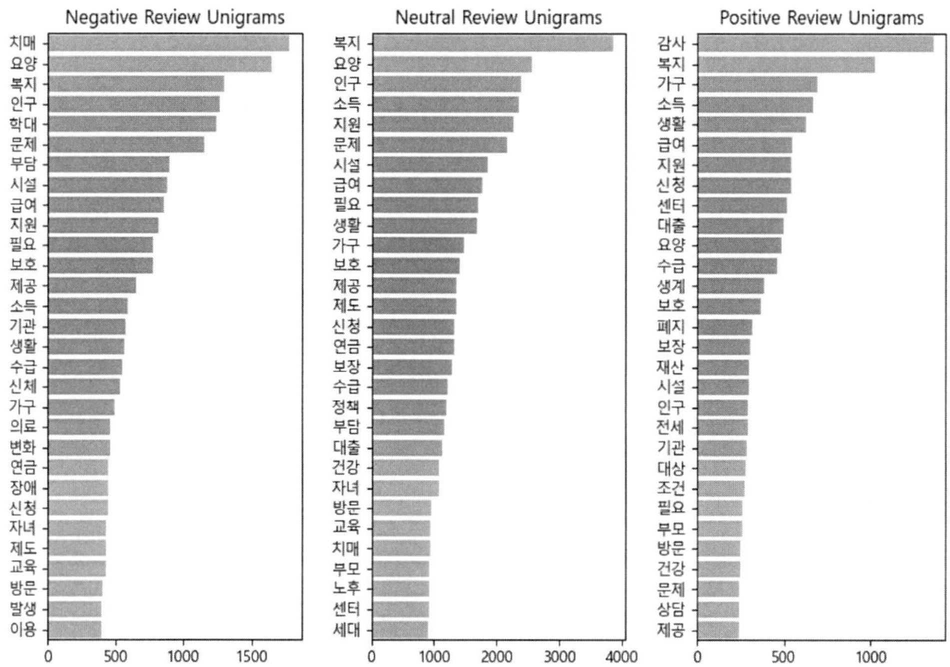

그림 7.1 감성수준별 상위 빈도 30개의 Unigram 시각화

[그림 7.1]을 보면 감성사전 분석의 부정어휘(Negative Review Unigrams)에 해당하는 Unigrm들은 치매, 학대, 문제, 부담, 시설, 필요, 수급 등 다수 부정적인 어휘들이 상대적으로 드러나는 특징을 보이며, 반대로 긍정어휘(Positive Review Unigrams)에 해당하는 Unigram들은 감사, 복지, 신청, 보호, 보장 등의 어휘가 나타나는 특징을 보인다.

다음은 Bigram으로 어휘들을 토큰화(tokenization) 해 보도록 하자. 어떤 어휘들이 서로 연속된 단어 시퀀스 형태로 등장하는지를 파악해 보면 앞서 N-gram을 설명한 것처럼 Unigram 보다는 Bigram 이 더 많은 문서의 정보를 파악하는데 도움이 될 수 있기 때문에 Bigram의 패턴을 파악해 보고자 한다.

[프로그램 7.4]는 [프로그램 7.3]과 동일하나 다만 Bigram 으로 단어들을 추출하도록 한 것만 차이가 있다. Bigram의 시각화 결과는 [그림 7.2]이다. Bigram 시각화 결과를 보면 Unigram만 확인했을 때 보다는 문서내의 정보량에 대한

이해가 넓어진다는 것을 알 수 있다. 부정감성(Negative Review Bigrams)에서 주로 등장하는 특징적인 Bigram은 치매 환자, 생계 급여, 치매 부담, 요양 급여, 요양 제도, 신체 정신, 부담 스트레스, 스트레스 대처 등의 단어 시퀀스를 볼 수 있으며, 긍정감성(Positive Review Bigrams)에서는 감사 감사, 전세 자금, 감사 표현, 방문 요양, 버팀목 전세, 감사 마음 등 대체로 긍정적인 단어 시퀀스가 나타나 '부모 부양'과 관련하여 부정감성의 어휘들과 매우 대조적인 어휘들이 등장함을 확인 할 수 있다.

```
# 부정, 중립, 긍정 리뷰에 대한 Bigram 추출 및 시각화
unigrams_neg = count_ngrams(df[df['sentiment']==-1]['doc_token_noun'], 2)
unigrams_neu = count_ngrams(df[df['sentiment']==0]['doc_token_noun'], 2)
unigrams_pos = count_ngrams(df[df['sentiment']==1]['doc_token_noun'], 2)

# 1x3 그리드의 서브플롯 생성
fig, axes = plt.subplots(1, 3, figsize=(9,6))
num = 30   # 상위 30개의 Bigram만 시각화
sns.barplot(x=list(unigrams_neg.values())[:num],
          y=list(unigrams_neg.keys())[:num], ax=axes[0])
sns.barplot(x=list(unigrams_neu.values())[:num],
          y=list(unigrams_neu.keys())[:num], ax=axes[1])
sns.barplot(x=list(unigrams_pos.values())[:num],
          y=list(unigrams_pos.keys())[:num], ax=axes[2])

# 서브플롯 타이틀 설정
axes[0].set_title('Negative Review Biigrams')
axes[1].set_title('Neutral Review Biigrams')
axes[2].set_title('Positive Review Biigrams')

# 서브플롯 간 간격 조절
plt.tight_layout()
plt.show()
```

프로그램 7.4 감성 수준별 Unigram 추출 및 시각화

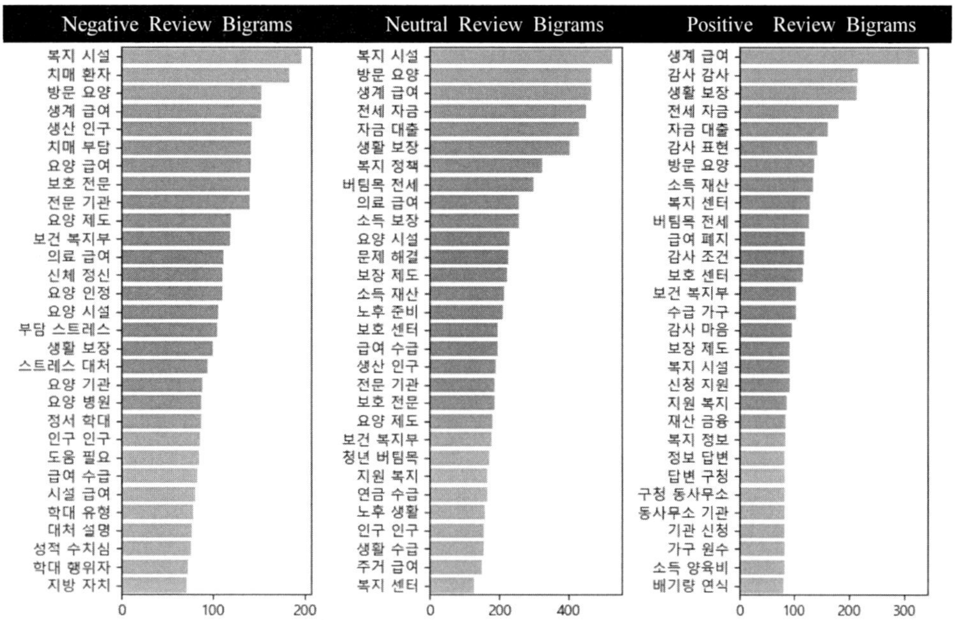

그림 7.2 감성수준별 상위 빈도 30개의 Bigram 시각화

7.2 일반화선형모형 (Generalized Linear Model, GLM)

일반적으로 소셜 미디어상의 다양한 글들과 그 글에 대한 '좋아요 수' 는 서로 어떤 연관성을 가지고 있을 것이다. 즉 글의 어떠한 형태가 참여자의 충분한 공감이나 참여자로 하여금 '좋아요'를 누르게 만드는 요소가 있을 것이기 때문이다. 여러 논문들에서는 소셜미디어상의 글, 특히 블로그나 카페, 페이스 북 등과 같은 글(문서)를 작성시 글에 사용된 이미지 수, 영상 수, 그리고 사용한 어휘의 감성 극성 등이 참여자가 '좋아요'를 누르는데 영향을 준다고 한다. 그렇다면 이러한 텍스트 데이터에서 종속변수(타겟변수)를 '좋아요 수' 라 하고 이러한 종속변수에 어떤 요인들이 영향을 미치는 가에 대한 모델링을 해 보는 것은 매우 의미있는 작업이라 할 수 있다. 그렇다면 종속변수를 '좋아요 수' 라 하고 설명변수 X들을 글을 작성시 포함된 '이미지 수', '영상 수', 그리고 '어휘의 극성수준' 이라고 할 때 이들의 관계 모형으로 적합한 것이 일반화선형모형(Generalized Linear Model, GLM)이다. 보다 세부적으로

텍스트 데이터의 모델링의 사례에 대해 보다 자세히 알고 싶다면 Chun, Leem & Suh(2021)을 참고하라.

본 절에서는 이러한 일반화선형모형을 적용해 종속변수와 설명변수들 간의 관계를 알아보도록 하자. 물론 우리가 사용한 '부모 부양' 관련 텍스트 데이터에서는 6장의 감성분석 결과에서 보았듯이 감성분석 결과(극성수준)와 참여자의 '좋아요 수'나 '댓글 수'가 별로 관련성이 없다는 것을 볼 수 있었다. 그러나 이러한 모델링 결과는 도메인이나 문서의 유형 등에 따라 매우 다른 결과를 가져오기 때문에 독자 여러분 들은 텍스트 데이터 마이닝을 할 때 이러한 모델링 과정을 반드시 진행 해 볼 필요가 있다.

이제 '보모 부양'과 관련된 소설 텍스트 데이터에서 우리가 궁금해 하는 가설을 다음과 같이 생각 해 보자,

가설 : 참여자의 '좋아요 수'는 해당 문서내의 '이미지 수', '영상 수', 또는 '감성의 수준'에 따라 달라질 것이다.

이러한 가설을 검증하기 위해 사용되는 대표적인 모델이 일반화선형모형이며, 일반화선형모형은 변수들의 특성이나 변수들이 어떤 분포에서 나왔느냐에 따라 여러 가지 세부 모형들이 존재한다. 여기서 우리의 데이터와 주어진 가설에 부합하는 모형은 일반화선형모형 중에서 음이항 모형(Negative binomial distribution)이다. 그렇다면 음이항 모형이 어떤 모형인지 간단히 분포함수와 특징을 알아보고 넘어가도록 하자.

"성공 확률이 p인 실험을 n번 실행하였을 때, 성공 횟수의 분포는 이항 분포(Binomial distribution)을 따른다는 것은 잘 알고 있을 것이다(예를 들어 주사위 게임에서 3이 나오면 성공이라 할 때 성공 확률은 1/6이며 이런 실험을 10번 반복한다고 할 때 성공횟수(X)에 대한 분포는 X ~ Binomial(10, 1/6)을 따른다는 것이다). 이럴 때 음이항 분포는 r번의 성공을 얻기 위하여 실행한 실험 횟수에 대한 분포이다."

주사위 게임에서 3이 보이는 것을 성공으로 정의하고 다른 숫자가 보이면 실패로

정의할 때 네 번째(r) 성공이 나오기 까지 몇 번의 실패가 발생하는가를 물어볼 수 있다. 이러한 경우 나타나는 실패 횟수의 확률 분포가 바로 음이항 분포이다.

다음과 같이 확률 변수 Y(r번의 성공이 나오기까지의 총 실패 회수)가 음이항 분포를 따를 경우

$$Y \sim NB(r,\ p)$$

r번째 성공이 나올 때 까지 시행한 실험횟수에 대한 확률분포는 다음과 같다.

$$f(k; r, p) = P(Y = k) = \binom{k+r-1}{k}(1-p)^k p^r, \quad k = 0, 1, 2, \cdots,$$

여기서 r은 성공 회수, k는 실패 회수, p는 각 시행 시 마다의 성공확률이다. 즉 r번째가 성공하기까지의 총 시행 회수는 '총 실패 회수 + $r-1$번의 성공 회수' 즉 $k+r-1$이며 이중에서 k개가 실패일 확률인 것이다.

다시 예제로 돌아오면 '좋아요 수(Y)는 r명이 좋아요를 누르기까지 k번의 실패(좋아요를 누르지 않음)이 있고, 좋아요를 누르거나 안 누를 확률(p)는 1/2인 경우이다. 따라서 본 예제에서는 좋아요 수에 대한 분포가 음이항 모형을 따른다는 가정하에 모델링을 실시한다.

[프로그램 7.5]에서는 먼저 이러한 모델링을 하기 위해 필요한 몇 가지 패키지들을 임포트한다. dmatrices는 통계적 모델링을 위한 모형 수식 생성에 필요한 라이브러리이며 statsmodels.aps는 statsmodels 라이브러리의 주요 모듈중 하나로 회귀분석, 분산분석 등의 가설검증 및 통계적 모형의 선택과 평가 등을 위해 필요하다. sklearn.metrics는 sklearn 라이브러리의 한 모듈로 머신러닝을 실시하고 모형을 평가하는데 필수적이다. 이렇게 필요한 라이브러리 등을 모두 임포트 한 뒤에는 사용할 데이터 파일을 불러와 모델링에 필요한 변수들만으로 구성된 새로운 데이터프레임인 data를 생성한다. 필요한 데이터의 변수들로 title(문서 제목), doc(문서 본문), ch(크롤링한 채널: 네이버 또는 다음) ch2(크롤링한 채널2 : 블로그 또는 카페) like(참여자의 좋아요 수) img(문서내 이미지수) div(문서내 영상수)

score(감성분석 점수)등을 고려한다.

```
import pandas as pd
import numpy as np
import pickle
from patsy import dmatrices
import statsmodels.api as sm
from statsmodels.formula.api import glm
import matplotlib.pyplot as plt
import seaborn as sns

from sklearn.metrics import mean_squared_error
from sklearn.metrics import r2_score
from math import sqrt

# 파일 불러오기
file_path = 'C:\\Users\\contents\\'
f = open(file_path + "total_docs1.pkl", "rb")
data1 = pickle.load(f)
f.close()

f = open(file_path + "total_docs2.pkl", "rb")
data2 = pickle.load(f)
f.close()

# 필요한 컬럼 선택하여 새로운 데이터프레임 'data' 생성
data = pd.DataFrame(dtype='int64')
data['title'] = data1['title']
data['doc'] = data1['doc']
data['ch1'] = data1['ch']
data['ch2'] = data1['ch2']
data['like'] = data1['like']
data['img_cnt'] = data1['img']
data['div_cnt'] = data1['div']
data['score1'] = data1['score']
```

프로그램 7.5 모델링을 위해 필요한 데이터 정리

```
text = []
text = []
for i in range(0,len(data)):
    if data['img_cnt'].iloc[i] == 0 and data['div_cnt'].iloc[i] == 0:
        text.append(1)
    else:
        text.append(0)

data['only_text_doc'] = text

def max_index(lst):
    return lst.index(max(lst))

data['score2'] = data2['values'].apply(max_index)

data['like'] = data['like'].fillna(0)
data['img_cnt'] = data['img_cnt'].fillna(0)
data['div_cnt'] = data['div_cnt'].fillna(0)

data
```

프로그램 7.6 누계 데이터 생성 및 결측치 처리

	title	doc	ch1	ch2	like	img_cnt	div_cnt	score1	only_text_doc	score2
0	급여노인장기요양인정신청 아들보다 딸이 부양하는 시대	저출산과 맞물려 우리가 생각해봐야 할 것이다저출산은 국가 성장의 미래 문제만으로 ...	naver	blog	5	2	0	-0.234043	0	6
1	한국 2070년 노인부양 부담 세계1위	통계청 세계 한국 인구전망급속한 저출산 고령화 직격탄한국 인구 27프로 감소 3...	naver	blog	50	2	0	-0.153846	0	1
2	여성노인 부양	부양제2판 노인복지론 2002 p284부양의 양과 종류는 가족이 가진 경제적 자...	naver	blog	4	4	0	-0.533333	0	5
3	65세 이상 노인 부양가정이라면	65세 이상 노인 부양가정이라면안녕하세요저희는 어르신들의 남은 여생을 더욱 풍요롭고...	naver	blog	3	12	1	0.533333	0	5
4	가족관계 변화와 노인 부양	가족관계 변화와 노인 부양노인 거주 형태의 변화 혼자 살거나 노부부만 사는 세대가...	naver	blog	2	1	0	0.160000	0	6
...	...	...	...	...	...	...	...	...	...	...
2162	노인은 무엇으로 사는가 감사의 마음으로 사는 것이다	노인은 무엇으로 사는가 감사의 마음으로 사는 것이다이런 질문부터 시작 해 보자 당...	daum	cafe	3	4	0	0.966102	0	6
2163	한 장으로 보는 우리나라가 망한 이유jpg	출처대한민국 통계청인류 역사상 유래 없는 현상곧우리나라인구의40가65세이상노인으로구...	daum	cafe	3	2	0	0.000000	0	2
2164	65세 이상 노인 혜택 50가지 몰라서 못 쓰는 사람이 더 많아1탄	65세 이상 노인 혜택 50가지 몰라서 못 쓰는 사람이 더 많아1탄by M가이드현재...	daum	cafe	0	6	0	0.050000	0	5
2165	청주주간보호 청주요양원 추천 kbs방영된 프로그램전문기관 재활운동 요양등급상담 99...	KBS방영된 프로그램전문기관 9988 청주노인주간보호센터입니다 33명 정원의 아늑한...	daum	cafe	0	26	2	1.052632	0	9
2166	노인장기요양보험 체험수기 및 사진 공모 안내	장기요양 서비스 우수사례를 발굴하여 국민의 공감대 형성과 관심도제고를 위하여2023...	daum	cafe	0	0	0	0.500000	1	5

2167 rows × 10 columns

결과 7.1 프로그램 7.6의 결과로 생성된 데이터프레임

[프로그램 7.6]은 'img_cnt' 변수(이미지 수 누계)와, 'div_cnt' 변수(영상 수 누계)를 생성하여 데이터프레임으로부터 개별 문서에 대해 누계 값을 계산한다. 그리고 이 값들에 따라 'only_text_doc' 변수를 생성하여 문서에 텍스트만 존재할 경우는 1로, 이미지 또는 영상이 존재할 경우는 0 으로 값을 부여하였다. 그리고 data2에 해당하는 데이터 프레임의 감성분석 결과 ('values') 값 중 가장 큰 값을 기준(인덱스)로 하여 'score2' 변수를 생성하였다. 마지막으로 각 변수별 결측치들을 모두 0으로 대체 하였다. 이렇게 정리한 결과를 출력해 보면 [결과 7.1]과 같다.

```
mask = np.random.rand(len(data)) < 0.7
data_train=data[mask]
data_test=data[~mask]

data_train.shape
data_test.shape

data_train['like'] = data_train['like'].astype('int64')
data_train['img_cnt'] = data_train['img_cnt'].astype('int64')
data_train['div_cnt'] = data_train['div_cnt'].astype('int64')

data_test['like'] = data_test['like'].astype('int64')
data_test['img_cnt'] = data_test['img_cnt'].astype('int64')
data_test['div_cnt'] = data_test['div_cnt'].astype('int64')
```

프로그램 7.7 훈련데이터와 테스트 데이터로 나누기

```
data_train.shape
(1504, 10)
data_test.shape
(663, 10)
```

결과 7.2 훈련데이터와 테스트 데이터 크기

[프로그램 7.7.]에서 데이터의 규모가 작기는 하지만 훈련데이터(또는 학습용 데이터, data_train)과 테스트 데이터(test_data)로 나누어 모형을 적합시키는

과정을 설명하고자 한다. 이를 위해 [프로그램 7.7]에서는 데이터에서 랜덤하게 70%를 선택하여 훈련데이터(data_train)로, 그리고 나머지 30%를 테스트 데이터(test_data)로 각각 분류하였다. [결과 7.2]에서 훈련데이터의 크기는 1,504×10 이며 테스트 데이터의 크기는 663×10 임을 볼 수 있다. 다음은 이산 확률 분포(discrete probability distribution)인 음이항 모형을 적용하기 위해 각 각의 변수의 타입을 이산형인 int64로 변환하였다.

```
expr ="""like ~ only_text_doc + img_cnt + div_cnt + score1"""
y_train, X_train = dmatrices(expr, data_train, return_type='dataframe')
y_test, X_test = dmatrices(expr, data_test, return_type='dataframe')

nb_training_results = sm.GLM(y_train, X_train, family=sm.families.
                        NegativeBinomial(alpha = 1)).fit()

print(nb_training_results.summary())
```

프로그램 7.8 음이항 모형 적용

```
                 Generalized Linear Model Regression Results
==============================================================================
Dep. Variable:                   like   No. Observations:                 1504
Model:                            GLM   Df Residuals:                     1499
Model Family:        NegativeBinomial   Df Model:                            4
Link Function:                    Log   Scale:                          1.0000
Method:                          IRLS   Log-Likelihood:                -4190.9
Date:                Wed, 26 Jul 2023   Deviance:                       4092.5
Time:                        16:47:21   Pearson chi2:                 1.13e+04
No. Iterations:                    15   Pseudo R-squ. (CS):             0.4872
Covariance Type:            nonrobust
=================================================================================
                    coef    std err          z      P>|z|      [0.025      0.975]
---------------------------------------------------------------------------------
Intercept         2.6456      0.048     55.676      0.000       2.552       2.739
only_text_doc    -1.9101      0.064    -29.615      0.000      -2.037      -1.784
img_cnt          -0.0003      0.005     -0.073      0.942      -0.010       0.009
div_cnt          -0.2262      0.098     -2.311      0.021      -0.418      -0.034
score1           -0.1245      0.044     -2.820      0.005      -0.211      -0.038
=================================================================================
```

결과 7.3 음이항 모형 학습 결과

[프로그램 7.8]은 like와 only_text_doc, imt_cnt, div_cnt, score1의 관계식을 만들어 각 각 훈련 데이터와 테스트 데이터에 대해 적용시킨다. 이때 데이터 프레

임을 dmatrices()함수를 사용하여 행렬형태로 변환한다. 그리고 sm.GLM()함수를 이용하여 일반화선형회귀모형을 적용하는데 이때 'family=sm.families.NegativeBinomial' 을 지정하여 음이항 모형을 학습하는 과정이다. 여기서 alpha는 오버디스퍼젼(overdispersion)의 정도를 나타낸다. 오버디스퍼전이란 일반적으로 빈도(카운트) 데이터 세트에서 발생하며 관측된 데이터의 분산이 해당 데이터의 평균으로 예측된 분산보다 클 수 있다는 것이다. 이러한 현상을 고려하여 음이항 모형의 경우 보통 alpha=1로 지정하며, 포아송 분포를 적용할 때는 평균과 분산이 동일하다는 의미로 alpha=0으로 지정한다. 이렇게 음이항 모형에 의해 학습된 모형의 결과가 [결과 7.3]이다. 음이항 모형의 결과를 보면 모형의 적합도를 나타내는 로그 우도(Log-Likelihood), Deviance, 피어슨의 카이제곱(Pearson χ^2) 등이 제시되어 있으며 각 설명변수들의 계수값(coef)과 표준오차(std err). p-value (P>|z|)를 볼 수 있다. p-value를 보면 'only_test_ doc', 'div_cnt, score1' 이 'like'에 통계적 유의성하에서 의미 있게 영향을 주고 있다는 것을 알 수 있다. 이때 계수값들이 모두 음수이므로 해석에 주의를 기울여야 한다.

```
# 학습용 데이터셋을 사용하여 모델로 예측하고 예측 결과를 데이터프레임으로 변환
nb_prediction_train = nb_training_results.get_prediction(X_train)
nb_summary_frame_train = nb_prediction_train.summary_frame()
print(nb_summary_frame_train)
```

프로그램 7.9 훈련데이터를 이용한 모델 예측

```
          mean   mean_se  mean_ci_lower  mean_ci_upper
1    14.354095  0.615131      13.197703      15.611810
2    15.038360  0.679970      13.762991      16.431913
6    14.708535  0.627224      13.529170      15.990708
7    14.322340  0.575460      13.237727      15.495820
10   12.884016  0.657465      11.657752      14.239268
...        ...       ...            ...            ...
2159 12.476625  0.750085      11.089796      14.036883
2160 12.476625  0.750085      11.089796      14.036883
2161  7.764345  1.656450       5.111037      11.795073
2164 13.974841  0.549999      12.937390      15.095486
2165  7.791345  1.529733       5.302609      11.448148

[1504 rows x 4 columns]
```

결과 7.4 예측 결과

```
# 예측 결과에서 평균 값을 추출
predicted_counts_train = nb_summary_frame_train['mean']
r2_score(y_train, predicted_counts_train)
```

프로그램 7.10 결정계수 구하기

```
: predicted_counts_train = nb_summary_frame_train['mean']
  r2_score(y_train, predicted_counts_train)

  0.03723827431405469
```

결과 7.5 결정 계수

그리고 훈련 데이터에 대한 예측값과 예측값에 대한 신뢰구간을 구하고([결과 7.4]) 적용한 음이항 모형에 대한 결정계수를 알아보았다([프로그램 7.9]와 [프로그램 7.10]). [결과 7.5]를 보면 결정계수가 매우 낮아 전반적으로 '부모 부양'에 대해서는 모형 적합이 만족스럽지 못함을 확인 할 수 있다.

```
# 테스트용 데이터셋을 사용하여 모델로 예측하고 예측 결과를 데이터프레임으로 변환
nb_prediction_test = nb_training_results.get_prediction(X_test)
nb_summary_frame_test= nb_prediction_test.summary_frame()
print(nb_summary_frame_test)
```

프로그램 7.11 테스트 데이터에 적용하기

```
           mean   mean_se  mean_ci_lower  mean_ci_upper
0     14.498183  0.627366      13.319267      15.781447
3     10.472620  1.016349       8.658601      12.666684
4     13.808639  0.637695      12.613676      15.116807
5      2.321410  0.129363       2.081220       2.589321
8     13.539260  0.654535      12.315297      14.884866
...         ...       ...            ...            ...
2133  14.081677  0.603647      12.946890      15.315928
2142  12.476625  0.750085      11.089796      14.036883
2162  12.476625  0.750085      11.089796      14.036883
2163  14.081677  0.603647      12.946890      15.315928
2166   1.960401  0.099478       1.774810       2.165400

[663 rows x 4 columns]
```

결과 7.6 테스트 데이터의 예측 결과

마지막으로 훈련 데이터에서 적합된 모형을 테스트 데이터에 적용해보는 과정이[프로그램 7.11]과 [결과 7.6]이다. 모형의 적합도가 좋지 않아 그 결과를 테스트 데이터에 적용해 본다는 것이 이 사례에 있어서는 별 의미는 없다. 그러나 모형의 적합도 여부를 떠나 방대한 양의 소셜 텍스트 데이터에 대한 분석 및 모델링을 할 때 이렇게 훈련 데이터와 테스트 데이터로 나누어 적합시키는 과정이 필요하므로 그 결과와 무관하게 모델링 하는 전반의 과정을 진행하기 바란다.

이상으로 소셜 미디어 데이터에 대한 텍스트데이터 마이닝의 모든 과정을 마치기로 한다.

7.3 연습문제

1. 음이항 분포(Negative binomial distribution)에 대해 설명하라.

2. '친구 우정' 키워드의 웹 크롤링 데이터를 이용하여 문서의 '좋아요 수'에 영향을 주는 요인으로 '문서내 감성 어휘정도', 삽입된 '이미지 수', '영상 수'를 고려하고 일반화산형모형을 적용하라.

3. 1번의 일반화 선형모형에서 계수 값들의 유의성은 어떠하며, 어떤 인사이트를 얻었는가?

4. 훈련 데이터와 테스트 데이터를 8:2로 하여 모델을 적용하고 그 결과를 해석하라.

참고문헌

https://docs.python.org/3/library/re.html

https://stanford.edu/~cpiech/cs221/handouts/kmeans.html

https://www.jmlr.org/papers/volume3/blei03a/blei03a.pdf

https://github.com/pilsung-kang/Text-Analytics/blob/master

유원준 & 안상준,.92023). 딥러닝을 이용한 자연어 처리 입문. e-book,

Chun, HJ, Leem BH. and Suh, HS.(2021). *Using text analytics to measure an effect of topics and sentiments on social-media engagement: Focusing on Facebook fan page of Toyota* . International Journal of Engineering Business Management Vol(13).

찾아보기

저 • 자 • 소 • 개

서혜선

- 고려대학교 통계학과 이학박사
- 삼성카드 팀장
- 현재, 대진대학교 AI빅데이터전공 교수

e-mail: jako403@daejin.ac.kr

파이썬 기반 SNS 텍스트 데이터 마이닝 개정판

초 판 발행 2024년 2월 5일
개정판 발행 2025년 2월 25일

지은이 서혜선
펴낸이 오판근
펴낸곳 (주)교우
주 소 서울시 동대문구 약령시로 8 교우빌딩 2층 (주)교우
전 화 02-925-2861 / **팩 스** 070-7966-8610, **편집부** 02-925-2825
홈페이지&북스토어 www.kyowoo.co.kr / 이메일 kyowoo@kyowoo.co.kr

등 록 1994년 3월 24일 제1994-000013호
ISBN 979-11-251-0384-4 (93310)

Published by Kyowoo Co., Ltd. Printed in Korea

값 18,000원

교우미디어는 (주) 교우의 Imprint 사입니다.
수학정원·과학정원은 (주) 교우의 새로운 브랜드명입니다.